Frank Wedekind
Die Büchse der Pandora

SEVERUS Verlag

Wedekind, Frank: Die Büchse der Pandora. 2018
Neuauflage der Ausgabe von Original-Erscheinungsjahr
ISBN: 978-3-95801-784-9

Satz: Dagmar Tietgen

Umschlaggestaltung: Annelie Lamers, SEVERUS Verlag
Umschlagmotiv: www.pixabay.com

Bibliografische Information der Deutschen Nationalbibliothek: Die
Deutsche Nationalbibliothek verzeichnet diese Publikation in der
Deutschen Nationalbibliografie; detaillierte bibliografische Daten
sind im Internet über https://dnb.de abrufbar.

Der SEVERUS Verlag ist ein Imprint der Bedey & Thoms Media GmbH,
Hermannstal 119k, 22119 Hamburg

SEVERUS Verlag, 2018
http://www.severus-verlag.de
Gedruckt in Deutschland

Frank Wedekind

Die Büchse der Pandora

Eine Tragödie in drei Aufzügen

Personen

Lulu
Alwa Schön, Schriftsteller
Rodrigo Quast, Athlet
Schigolch
Alfred Hugenberg, Zögling einer Korrektionsanstalt
Die Gräfin Geschwitz
Graf Casti-Piani
Bankier Puntschu
Journalist Heilmann
Madelaine de Marelle
Kadéga di Santa Croce, ihre Tochter
Bianetta Gazil
Ludmilla Steinherz
Armande, Zimmermädchen
Bob, Liftjunge
Ein Polizeikommissär
Mr. Hopkins
Kungu Poti, kaiserlicher Prinz von Uahube
Dr. Hilti, Privatdozent
Jack

*Der erste Akt spielt in einer deutschen Großstadt,
der zweite in Paris, der dritte in London.*

Prolog in der Buchhandlung

Nach dem Wortlaut der »Gesammelten Werke« (1913)

PERSONEN:
DER NORMALE LESER
DER RÜHRIGE VERLEGER
DER VERSCHÄMTE AUTOR
DER HOHE STAATSANWALT

Der Prolog kann in entsprechenden Überkleidern und Kopfbedeckungen von den Darstellern des Rodrigo, des Casti-Piani, des Alwa und des Schigolch gesprochen werden. Rodrigo in hellem Sommerüberzieher und Lodenhütchen, Casti-Piani in Schlafrock und Samtkäppchen, Alwa in Havelock und Schlapphut, Schigolch in Talar und Barett. Szenerie: Ein Zwischenvorhang, ein primitives Büchergestell.

DER NORMALE LESER, *schwankt herein.*
   Ich möchte gern ein Buch bei Ihnen kaufen.
   Was drin steht, ist mir gänzlich einerlei.
   Der Mensch lebt, heißt es, nicht allein vom Saufen
   Auch wünsch' ich dringend, dass es billig sei.
   Die älteste Tochter will ich zum Gedenken
   Der ersten Kommunion damit beschenken.
DER RÜHRIGE VERLEGER.
   Da kann ich Ihnen warm ein Buch empfehlen.
   Bei dem das Herz des Menschen höher schlägt.
   Heut lesen es schon fünf Millionen Seelen,

Und morgen wird's von neuem aufgelegt.
Für jeden bleibt's ein dauernder Gewinn,
Steht doch für niemand etwas Neues drin.
DER VERSCHÄMTE AUTOR, *schleicht herein.*
Ein Buch möcht' ich bei Ihnen drucken lassen;
Zehn Jahre meines Lebens schrieb ich dran.
Das Weltall hofft' ich brünstig zu umfassen
Und hab's kaum richtig mit dem Weib getan.
Was lernend ich dabei als wahr empfand,
Hab' ich in schlottrig schöne Form gebannt.
DER HOHE STAATSANWALT, *stürmt herein.*
Ich muss ein Buch bei Ihnen konfiszieren,
Vor dem die Haare mir zu Berge stehn.
Erst sah den Kerl man alle Scham verlieren,
Nun lässt er öffentlich für Geld sich sehn.
Drum werden wir ihn nach dem Paragraphen
Einhundertvierundachtzig streng bestrafen.
DER VERSCHÄMTE AUTOR, *lächelnd.*
Mich strafen? Nein! Des Schaffens Götterfreuden
Raubt mir auch nicht die härteste Strafe mehr.
Wer sträubt sich jemals, für sein Kind zu leiden?
An solchem Glück lässt dein Beruf dich leer.
Mich kannst du foltern, würgen, schinden, henken,
Mein Werk wird das an keinem Worte kränken!
DER HOHE STAATSANWALT.
Dir schwör' ich's zu, dass du mit frechen Witzen
Nicht länger der Verdammnis Opfer wirbst.
Normale Leser muss ich davor schützen.
Dass du sie grinsend bis ins Mark verdirbst.
Zwei Jahr Gefängnis sind dein sicher Lohn;
Für Ehrverlust sorgst du ja selber schon.
DER NORMALE LESER.
Jetzt möcht' ich stracks mein Buch bei Ihnen kaufen.
Ich finde dies Betragen unerhört.

Lass ich die eignen Kinder christlich taufen,
Damit mich Hunger umbringt, Durst verzehrt?
Wenn ihr die Zänkerei nicht bald beendet,
Dann wird das Geld auf Eierpunsch verwendet.

DER HOHE STAATSANWALT, *schließt ihn in die Arme, worauf
der normale Leser in Tränen ausbricht.*

Bejammernswürdiges Opfer! Abgetötet
In deinem Busen starb die heilige Scheu.
Ward diesem Wicht nur erst sein Maul verlötet,
Dann keimen Zucht und Frömmigkeit aufs neu.
Zwei Jahr Gefängnis! Ich behaupte dreist,
Dass er dann ewig keinen Witz mehr reißt.

DER VERSCHÄMTE AUTOR.

Wie sollte mich wohl ein Gerichtshof schrecken!
Wer weiß, ob mir nicht gar sein Eifer nützt,
Die Schwächen meines Schauspiels aufzudecken,
So wahr, wie echte Kunst sich selbst beschützt.
Ich bin's gewiss: Man kann sich nicht entbrechen,
Von jeder Schuld mich freundlich freizusprechen.

DER HOHE STAATSANWALT.

Spricht man dich frei – womit uns Gott verschone! –
Noch selbigen Tags leg' ich Berufung ein.
Nicht jeder Richter trägt der Weisheit Krone,
Um so verständiger wird ein nächster sein.
Und zeigt auch der sich für den Autor sanft,
Dein Schauspiel sicherlich wird eingestampft.

DER VERSCHÄMTE AUTOR.

Dann lass ich es zum zweiten Male drucken,
Und zwar in ernsterer, edlerer Gestalt,
Nicht mehr im Gaunerwelsch der Mamelucken,
Im klarsten Deutsch und ohne Hinterhalt.
Ich bin's gewiss: Dann muss es ihm gelingen,
Sich unbehelligt selber durchzuringen.

Der hohe Staatsanwalt

> Grundgütiger Galgen! Dann fehlt nichts auf Erden,
> Als dass dies Stück noch auf die Bühne kommt.
> Doch vorher soll es so geläutert werden,
> Dass es dir nicht mehr zur Reklame frommt.
> Der Weg für deinen giftgen Höllenkrater
> Führt über meinen Leichnam zum Theater.

Der verschämte Autor.

> Was schiert mich das Theater! Unsere kühne
> Tagtäglichkeit erreicht's bekanntlich nie.
> Das menschliche Gehirn sei meine Bühne,
> Mein Lieblingsregisseur die Phantasie.

Zum hohen Staatsanwalt.

> Und dir wird nichts Geringres übrigbleiben,
> Als selbst mir den Prolog dafür zu schreiben.

Der rührige Verleger, *sich zwischen beide drängend.*

> Prolog ist herrlich! Druckt ihn eine Zeitung,
> Dann sind wir schon so gut wie aufgeführt.
> Nun sorg' ich hurtig für des Buchs Verbreitung,
> Prospekte werden schleunigst expediert.
> Und eh' das Publikum noch Platz genommen,
> Bin ich gewiss, dass keine Krebse kommen.

Der normale Leser, *gleichfalls die Mitte nehmend*

> Dann pflanz' ich breit mich in die erste Reihe
> Mit meinem Freibillett und schnarche laut.
> Das ahnt kein Mensch, wie ich mich dran erfreue,
> Wenn so wer Schnitzler oder Shakespeare kaut.
> Ist's nicht genug, dass christlich ich verzeihe
> Und niemand merkt, wie sehr mir davor graut?

Chorus:

DER HOHE STAATSANWALT, *hält den Arm um den normalen
Leser geschlungen.*
  So pflegen wir gemeinsam das Gehege
  Dramatischer Dichtung mit verteilter Kraft.
DER NORMALE LESER.
  Wenn ich auch meinen Wanst am liebsten pflege,
  Mir fehlt doch nie die große Leidenschaft.
DER RÜHRIGE VERLEGER, *hält den Arm um den verschäm-
ten Autor geschlungen.*
  Ich freue mich, wenn sich die Menschen freuen,
  Am ehrlichsten am Funkelnagelneuen.
DER VERSCHÄMTE AUTOR.
  Wenn's not tut, geb' ich meine Freiheit hin
  Für dich, o Muse, meine Herrscherin.

Erster Aufzug

Prachtvoller Saal in deutscher Renaissance mit schwerem Plafond aus geschnitztem Eichenholz. Die Wände sind bis zur halben Höhe mit dunklen Holzskulpturen bekleidet; darüber an beiden Seiten verblasste Gobelins. Nach hinten oben ist der Saal durch eine verhängte Galerie abgeschlossen, von der rechts eine monumentale Treppe bis zur halben Tiefe der Bühne herabführt. In der Mitte unter der Galerie befindet sich die Eingangstür mit gewundenen Säulen und Frontispiz. An der linken Seitenwand ein geräumiger hoher Kamin, weiter vorne ein Balkonfenster mit geschlossenen schweren Gardinen; an der rechten Seitenwand vor dem Treppenfuß eine geschlossene Portière.

Vor dem Fußpfeiler des freien Treppengeländers steht eine leere dekorative Staffelei; rechts vorne befindet sich eine breite Ottomane, in der Mitte des Saales ein vierkantiger Tisch, um den drei hochlehnige Polstersessel stehen. Links vorn ein kleiner Serviertisch, daneben ein Lehnsessel. Der Saal ist durch eine auf dem Mitteltisch stehende, tiefverschleierte Petroleumlampe matt erhellt. Alwa Schön geht vor der Eingangstür auf und nieder. Auf der Ottomane sitzt Rodrigo, als Bedienter gekleidet. Links in dem Lehnsessel, in schwarzem enganliegenden Kleid, tief in Kissen gebettet, einen Plaid über den Knien, sitzt die Gräfin Geschwitz. Neben ihr auf dem Tisch steht eine Kaffeemaschine und eine Tasse mit schwarzem Kaffee.

RODRIGO.

Er lässt auf sich warten wie ein Konzertmeister!

DIE GESCHWITZ.

Ich beschwöre Sie, sprechen Sie nicht!

RODRIGO.

Es soll einer die Klappe halten, wenn er den Kopf so voll Gedanken hat wie ich! – Es will mir ganz und gar nicht einleuchten, dass sie sich dabei sogar noch zu ihrem Vorteil verändert haben soll!

DIE GESCHWITZ.

Sie ist herrlicher anzuschauen, als ich sie je gekannt habe!

RODRIGO.

Behüte mich der Himmel davor, dass ich mein Lebensglück auf Ihre Geschmacksrichtungen gründe! Wenn ihr die Krankheit ebenso gut angeschlagen hat wie Ihnen, dann bin ich pleite! Sie verlassen die Isolierbaracke wie eine verunglückte Kautschukdame, die sich aufs Kunsthungern geworfen hat. Sie können sich kaum mehr die Nase schneuzen. Erst brauchen Sie eine Viertelstunde, um Ihre Finger zu sortieren, und dann bedarf es der größten Vorsicht, damit Sie die Spitze nicht abbrechen.

DIE GESCHWITZ.

Was uns unter die Erde bringt, gibt ihr Kraft und Gesundheit wieder.

RODRIGO.

Das ist alles schön und gut. Ich werde aber doch vermutlich heute abend noch nicht mitfahren.

DIE GESCHWITZ.

Sie wollen Ihre Braut am Ende gar allein reisen lassen?

RODRIGO.

Erstens fährt doch der Alte mit, um sie im Ernstfalle zu verteidigen. Meine Begleitung kann sie nur verdächtigen. Und zweitens muss ich hier noch abwarten, bis meine Kostüme fertig sind. – Ich komme immer noch früh genug nach Paris. Hoffentlich legt sie sich derweil auch noch etwas Embonpoint zu. Dann wird geheiratet, vorausgesetzt, dass ich sie vor einem anständigen Publikum produzieren kann. Ich liebe an einer Frau das Praktische; welche Theorien sich die Weiber machen, ist mir vollkommen egal. Ihnen nicht auch, Herr Doktor?

ALWA.

Ich habe nicht gehört, was Sie sagten.

RODRIGO.

Ich hätte meine Person gar nicht in das Komplott verwickelt, wenn sie mir nicht vor ihrer Verurteilung schon immer die Plauze gekitzelt hätte. Wenn sie sich in Paris nur nicht gleich wieder zuviel Bewegung macht! Wenn ich nicht in die »Folies Bergère« engagiert wäre, nähme ich sie auf ein halbes Jahr mit nach London und ließe sie Plumkakes futtern. In London geht man schon allein durch die Seeluft auf. Außerdem fühlt man in London auch nicht bei jedem Schluck Bier immer gleich die Schicksalshand an der Gurgel.

ALWA.

Ich frage mich seit acht Tagen, ob sich jemand, der zu Zuchthausstrafe verurteilt war, wohl noch zur Hauptfigur in einem modernen Drama eignen würde.

DIE GESCHWITZ.

Käme der Mensch nur endlich mal!

RODRIGO.

Ich muss hier auch meine Requisiten noch aus dem Pfandleihhaus auslösen; sechshundert Kilo vom besten Eisen. Der Transport kostet mich immer dreimal mehr als mein eigenes Billett. Dabei ist die ganze Ausrüstung keinen Hosenknopf wert. Als ich schweißtriefend damit im Pfandhaus ankam, fragten sie mich, ob die Sachen auch echt seien. – Die Kostüme hätte ich mir eigentlich richtiger in Paris anfertigen lassen sollen. Der Pariser zum Beispiel merkt auf den ersten Blick, wo man seine Vorzüge hat. Da dekolletiert er tapfer drauflos. Aber das lernt sich nicht mit untergeschlagenen Beinen; das will an klassisch gebildeten Menschen studiert sein. Hier haben sie eine Angst vor der bloßen Haut wie in Paris vor den Dynamitbomben. Vor zwei Jahren wurde ich im Alhambra-Theater zu fünfzig Mark Strafe verknallt, wie man sah, dass ich ein paar Haare auf der Brust habe, nicht so viel wie zu einer anständigen Zahnbürste nötig sind. Aber der Kultusminister meinte, die kleinen Schulmädchen könnten darüber die Freude am Strümpfestricken verlieren. Seitdem lasse ich mich jeden Monat einmal rasieren.

ALWA.

Wenn ich jetzt nicht meine ganze geistige Spannkraft zu dem »Weltbeherrscher« nötig hätte, möchte ich das Problem wohl auf seine Tragfähigkeit erproben. Das ist der Fluch, der auf unserer jungen deutschen Literatur lastet, dass wir Dichter viel zu literarisch sind. Wir kennen keine anderen Fragen und Probleme als solche, die unter Schriftstellern und Gelehrten auftauchen. Unser Gesichtskreis reicht über die Grenzen unserer Zunftinteressen nicht hinaus. Um wieder auf die Fährte einer großen gewaltigen Kunst zu gelangen, müssten wir uns möglichst viel unter Menschen bewegen, die nie in ihrem Leben ein Buch gelesen haben, denen die einfachsten animalischen Instinkte bei ihren Handlungen maßgebend sind. In meinem »Totentanz« habe ich schon aus voller Kraft nach diesen Prinzipien zu arbeiten gesucht. Das Weib, das mir zu der Hauptfigur des Stückes Modell stehen musste, atmet heute seit einem vollen Jahr hinter vergitterten Fenstern. Dafür wurde das Drama sonderbarerweise allerdings auch nur von der freien literarischen Gesellschaft zur Aufführung gebracht. Solange mein Vater noch lebte, standen meinen Schöpfungen sämtliche Bühnen Deutschlands offen. Das hat sich gewaltig geändert.

Rodrigo.

Ich habe mir Trikots im zartesten Blau-Grün anfertigen lassen. Wenn die im Ausland keinen Sukzeß haben, dann will ich Mausefallen verkaufen. Die Trußhöschen sind so graziös, dass ich mich damit auf keine Tischkante setzen kann. Der vorteilhafte Eindruck wird nur durch meine fürchterliche Plauze gestört, die ich meiner tätigen Mitwirkung in dieser großartigen Verschwörung zu danken habe. Bei gesunden Gliedern drei Monate lang im Krankenhaus liegen, das muss den heruntergekommensten Landstreicher zum Mastschwein machen. Seit ich heraus bin, futtere ich nichts als Karlsbader Pastillen; Tag und Nacht habe ich Orchesterprobe in den Gedärmen. Bis ich nach Paris komme, werde ich so ausgeschwemmt sein, dass ich keinen Flaschenstöpsel mehr hochheben kann.

Die Geschwitz.

Wie ihr gestern im Krankenhaus das Wachtpersonal aus dem Wege ging, das war ein erquickender Anblick. Der Garten war ausgestorben. In der herrlichsten Mittagssonne wagten sich die Rekonvaleszenten nicht aus den Haustüren. Ganz hinten bei der Isolierbaracke trat sie unter den Maulbeerbäumen vor und wiegte sich auf dem Kies in den Knöcheln. Der Portier hatte mich wiedererkannt, und ein Assistenzarzt, der mir im Korridor begegnete, fuhr zusammen, als hätte ihn ein Revolverschuss getroffen. Die Krankenschwestern huschten in die Säle oder blieben an den Wänden kleben. Als ich zurückkam, war weder im Garten noch unter dem Portal eine Seele zu sehen. Die Gelegenheit hätte ich nicht schöner finden können, wenn wir die verfluchten Pässe gehabt hätten. Und jetzt sagt der Mensch, er fahre nicht mit!

RODRIGO.

Ich verstehe die armen Spitalbrüder. Der eine hat einen wehen Fuß, der andere hat eine geschwollene Backe; da taucht die leibhaftige Todesversicherungsagentin mitten unter ihnen auf. In den Rittersälen – so heißt die gesegnete Abteilung, von der aus ich meine Spionage organisierte –, als sich da die Kunde verbreitete, dass die Schwester Theophila mit Tod abgegangen sei, da war keiner der Kerle im Bett zu halten. Sie kletterten an den Fenstergittern hinauf, und wenn sie ihre Leiden zentnerweise mitschleppten. Im Leben habe ich kein solches Fluchen gehört.

ALWA.

Erlauben Sie mir, Fräulein von Geschwitz, noch einmal auf meinen Vorschlag zurückzukommen. Die Frau hat in diesem Zimmer meinen Vater erschossen; trotzdem kann ich in dem Morde wie in der Strafe nichts anderes als ein entsetzliches Unglück sehen, das sie betroffen hat. Ich glaube auch, mein Vater hätte, wäre er mit dem Leben davongekommen, seine Hand nicht vollständig von ihr abgezogen. Ob Ihnen Ihr Befreiungsplan gelingen wird, scheint mir immer noch zweifelhaft, obschon ich Sie nicht entmutigen möchte. Aber ich finde keine Worte für die Bewunderung, die mir Ihre Aufopferung, Ihre Tatkraft, Ihre übermenschliche Todesverachtung einflößen. Ich glaube nicht, dass je ein Mann soviel für eine Frau, geschweige denn für einen Freund aufs Spiel gesetzt hat. Ich weiß nicht, Fräulein von Geschwitz, wie reich Sie sind; aber die Ausgaben für diese Bewerkstelligungen müssen Ihre Vermögensverhältnisse zerrüttet haben. Darf ich Ihnen ein Darlehen von zwanzigtausend Mark anbieten, dessen Herbeischaffung in barem Geld für mich mit keinerlei Schwierigkeiten verbunden wäre?

DIE GESCHWITZ.

Wie wir gejubelt haben, als die Schwester Theophila glücklich tot war! Von dem Tage an waren wir ohne Aufsicht. Wir wechselten nach Belieben die Betten. Ich hatte ihr meine Frisur gemacht und ahmte in jedem Laut ihre Stimme nach. Wenn der Professor kam, redete er sie per gnädiges Fräulein an und sagte zu mir: »Hier lebt sich's besser als im Gefängnis!« – Als die Schwester plötzlich ausblieb, sahen wir einander gespannt an, wir beide waren fünf Tage krank; jetzt musste es sich entscheiden. Am nächsten Morgen kam der Assistenzarzt. – »Wie geht es der Schwester Theophila?« – »Tot.« – Wir verständigten uns hinter seinem Rücken, und als er hinaus war, sanken wir uns in die Arme: »Gott sei Dank! Gott sei Dank!« – Welche Mühe es kostete, damit mein Liebling nicht verriet, wie gesund er schon war! – »Du hast neun Jahre Gefängnis vor dir!« rief ich von früh bis spät. – Man lässt sie jetzt auch wohl keine drei Tage mehr in der Isolierbaracke.

RODRIGO.

Ich habe volle drei Monate im Krankenhaus gelegen, um das Terrain zu sondieren, nachdem ich mir die Qualitäten zu einem so ausgedehnten Aufenthalt auch erst mühsam zusammenhausiert hatte. Jetzt spiele ich hier bei Ihnen, Herr Doktor, den Kammerdiener, damit keine fremde Bedienung ins Haus kommt. Wo hat je ein Bräutigam mehr für seine Braut getan? Meine Vermögensverhältnisse sind auch zerrüttet.

Alwa.

Wenn es Ihnen gelingt, die Frau zu einer anständigen Künstlerin auszubilden, dann haben Sie sich um Ihre Mitwelt verdient gemacht. Mit dem Temperament und der Schönheit, die sie aus dem Innersten ihrer Natur heraus zu geben hat, kann sie das blasierteste Publikum in Atem halten. Dabei wäre sie durch die Wiedergabe der Leidenschaft davor geschützt, zum zweitenmal in Wirklichkeit zur Verbrecherin zu werden.

Rodrigo.

Ich will ihr ihre Zicken schon austreiben!

Die Geschwitz.

Da kommt er!

Auf der Galerie werden Schritte laut; dann teilt sich der Vorhang über die Treppe, und Schigolch im langen, schwarzen Gehrock, einen weißen Entoutcas in der Rechten, tritt heraus.

Schigolch.

Vermaledeite Finsternis! – Draußen brennt einem die Sonne die Augen aus.

Die Geschwitz, *sich mühsam aus der Decke wickelnd.*

Ich komme schon!

Rodrigo.

Gräfliche Gnaden haben seit drei Tagen kein Tageslicht mehr gesehen. Wir leben hier wie in einer Schnupftabaksdose.

Schigolch.

Seit heute früh um neun fahre ich bei allen Lumpensammlern herum. Drei nagelneue Koffer, vollgestopft mit alten Hosen, habe ich über Bremerhaven nach Amerika spediert. Die Beine baumeln mir wie Glockenschwengel am Leib. Das soll ein anderes Leben in Paris werden!

Rodrigo.

Wo wollt ihr denn in Paris absteigen?

SCHIGOLCH.

Hoffentlich nicht gleich wieder im Hotel »Ochsenbutter«!

RODRIGO.

Ich kann euch das Hotel »Montespant« am Boulevard
Rochechouart empfehlen. Ich wohnte dort mit einer
Löwenbändigerin. Die Leute sind geborene Berliner.

DIE GESCHWITZ, *sich im Rohrstuhl aufrichtend.*

Helfen Sie mir doch!

RODRIGO, *eilt herbei und stützt sie.*

Dabei seid ihr dort sicherer vor der Polizei als auf dem
hohen Turmseil!

DIE GESCHWITZ.

Er will Sie nämlich heute nachmittag allein mit ihr
reisen lassen.

SCHIGOLCH.

Er leidet wohl noch an seinen Frostbeulen!

RODRIGO.

Verlangt ihr denn von mir, dass ich in den »Follies
Bergère« in Schlafrock und Pantoffeln debütiere?

SCHIGOLCH.

Hm – die Schwester Theophila wäre auch nicht so
prompt gen Himmel gefahren, wenn sie sich für
unsere Patientin nicht so liebevoll erwärmt hätte.

RODRIGO.

Wenn einer den Honigmond bei ihr abzudienen hat,
wird sie sich noch ganz anders zur Geltung bringen.
Es kann ihr jedenfalls nicht schaden, wenn sie sich
vorher noch etwas auslüftet.

ALWA, *eine Brieftasche in der Hand, zur Geschwitz, die auf
eine Stuhllehne gestützt am Mitteltisch steht.*

Diese Tasche enthält zehntausend Mark.

DIE GESCHWITZ.

Ich danke, nein.

Alwa.

Ich bitte Sie, sie zu nehmen.

Die Geschwitz, *zu Schigolch.*

Kommen Sie doch endlich.

Schigolch.

Geduld, mein Fräulein. Es ist ja nur der Katzensprung über die Spitalstraße. – In fünf Minuten bin ich mit ihr hier.

Alwa.

Sie bringen sie her?

Schigolch.

Ich bringe sie her. – Oder fürchten Sie für Ihre Gesundheit?

Alwa.

Das sehen Sie doch, dass ich nichts fürchte.

Rodrigo.

Der Herr Doktor ist nach dem letzten Drahtbericht auf der Reise nach Konstantinopel begriffen, um seinen »Totentanz« von Haremsdamen und Kastrierten vor dem Sultan zur Aufführung bringen zu lassen.

Alwa, *die Mitteltür unter der Galerie öffnend.*

Sie gehen hier näher.

Schigolch und die Gräfin Geschwitz verlassen den Saal.

Alwa verschließt die Türe hinter Ihnen.

Rodrigo.

Sie wollten der verrückten Rakete noch Geld geben.

Alwa.

Was geht Sie das an?!

Rodrigo.

Mich honoriert man wie einen Lampenputzer, obschon ich sämtliche Schwestern im Spital habe demoralisieren müssen. Dann kamen die Herren Assistenten und Geheimräte an die Reihe. Und dann …

ALWA.

Wollen Sie mir im Ernste weismachen, dass sich die Assistenzärzte durch Sie haben beeinflussen lassen?

RODRIGO.

Mit dem Gelde, das mich diese Hunde gekostet haben, könnte ich in Amerika Präsident der Vereinigten Staaten werden.

ALWA.

Fräulein von Geschwitz hat Ihnen doch jeden Pfennig, den Sie ausgegeben haben, zurückerstattet. Soviel ich weiß, beziehen Sie außerdem noch ein monatliches Salär von fünfhundert Mark von ihr. Es fällt einem manchmal ziemlich schwer, an Ihre Liebe zu der unglücklichen Gefangenen zu glauben. Wenn ich eben Fräulein von Geschwitz darum bat, meine Hilfe anzunehmen, so geschah es gewiss nicht, um Ihre unersättliche Goldgier aufzustacheln. Die Bewunderung, die ich vor Fräulein von Geschwitz in dieser Sache hegen gelernt, empfinde ich Ihnen gegenüber noch lange nicht. Es ist mir überhaupt unklar, was Sie an mich für Ansprüche geltend machen. Dass Sie zufällig bei der Ermordung meines Vaters zugegen waren, hat zwischen Ihnen und mir noch nicht die geringsten verwandtschaftlichen Bande geschaffen. Dagegen bin ich fest davon überzeugt, dass Sie, wenn Ihnen das heroische Unternehmen der Gräfin Geschwitz nicht zugute gekommen wäre, heute ohne einen Pfennig irgendwo betrunken im Rinnstein lägen.

RODRIGO.

Und wissen Sie, was aus Ihnen geworden wäre, wenn Sie das Käseblatt, das Ihr Vater redigierte, nicht um zwei Millionen veräußert hätten? – Sie hätten sich mit dem ausgemergeltsten Ballettmädchen zusammengetan und wären heute Stallknecht im Zirkus Humpelmeier. Was arbeiten Sie denn? – Sie haben ein Schauerdrama geschrieben, in dem die Waden meiner Braut die beiden Hauptfiguren sind und das kein anständiges Theater zur Aufführung bringt. Sie Nachtjacke Sie! Ich habe auf diesem Brustkasten noch vor zwei Jahren zwei gesattelte Kavalleriepferde balanciert. Wie das jetzt mit der Plauze werden soll, ist mir allerdings rätselhaft. Die Französinnen bekommen einen schönen Begriff von der deutschen Kunst, wenn sie mir bei jedem Kilo mehr den Schweiß aus den Trikots tröpfeln sehen. Ich werde den ganzen Zuschauerraum verpesten mit meiner Ausdünstung.

ALWA.

Sie sind ein Waschlappen.

RODRIGO.

Wollte Gott, Sie hätten recht! Oder wollten Sie mich vielleicht beleidigen? – Dann setze ich Ihnen die Fußspitze unter die Kinnlade, dass Ihnen Ihre Zunge an der Tapete spazierengeht.

ALWA.

Versuchen Sie das doch!

Tritte und Stimmen werden von außen hörbar.

ALWA.

Was ist das …?

RODRIGO.

Es ist ein Glück für Sie, dass wir hier kein Publikum haben.

ALWA.

Wer kann das sein?

RODRIGO.

Das ist meine Geliebte! Seit einem vollen Jahre haben wir uns jetzt nicht mehr gesehen.

ALWA.

Wie wollten denn die schon zurück sein! – Wer mag da kommen! – Ich erwarte niemanden.

RODRIGO.

Zum Henker, so schließen Sie doch auf!

ALWA.

Verstecken Sie sich!

RODRIGO.

Ich stelle mich hinter die Portière. Da habe ich vor einem Jahr auch schon einmal gestanden.

Rodrigo, verschwindet hinter der Portière rechts vorn. Alwa öffnet die Mitteltüre, worauf Alfred Hugenberg, den Hut in der Hand, eintritt.

ALWA.

Mit wem habe ich … Sie? – Sind Sie nicht …?

HUGENBERG.

Alfred Hugenberg.

ALWA.

Was wünschen Sie?

HUGENBERG.

Ich komme von Münsterberg. Ich bin heute morgen geflüchtet.

ALWA.

Ich bin augenleidend. Ich bin gezwungen, die Jalousien geschlossen zu halten.

HUGENBERG.

Ich brauche Ihre Hilfe, Sie werden sie mir nicht versagen. Ich habe einen Plan vorbereitet. – Hört man uns?

ALWA.

Wovon sprechen Sie? – Was für einen Plan?

HUGENBERG.

Sind Sie allein?

ALWA.

Ja. – Was wollten Sie mir mitteilen?

HUGENBERG.

Ich habe zwei Pläne nacheinander wieder fallen lassen. Was ich Ihnen jetzt sage, ist bis auf jeden möglichen

Zwischenfall durchgearbeitet. Wenn ich Geld hätte, würde ich Sie nicht ins Vertrauen ziehen. Ich dachte zuerst lange daran – – Wollen Sie mir nicht erlauben, Ihnen meinen Entwurf auseinanderzusetzen?

ALWA.

Wollen Sie mir bitte sagen, wovon Sie denn eigentlich sprechen?

HUGENBERG.

Die Frau kann Ihnen unmöglich so gleichgültig sein, dass ich Ihnen das sagen muss. Was Sie vor dem Untersuchungsrichter zu Protokoll gaben, hat ihr mehr genützt als alles, was der Verteidiger sagte.

ALWA.

Ich verbitte mir eine derartige Unterstellung.

HUGENBERG.

Das sagen Sie so; das verstehe ich natürlich. Aber Sie waren doch ihr bester Entlastungszeuge.

ALWA.

Sie waren der! Sie sagten, mein Vater habe sie zwingen wollen, sich selbst zu erschießen.

HUGENBERG.

Das wollte er auch. Aber man glaubte mir nicht; ich wurde nicht vereidigt.

ALWA.

Wo kommen Sie jetzt her?

HUGENBERG.

Aus einer Besserungsanstalt, aus der ich heute morgen ausgebrochen bin.

ALWA.

Und was beabsichtigen Sie?

HUGENBERG.

Ich erschleiche mir das Vertrauen eines Gefängnisschließers.

ALWA.

Wovon wollen Sie denn leben?

HUGENBERG.

Ich wohne bei einer Prostituierten, die ein Kind von meinem Vater hat.

ALWA.

Wer ist Ihr Vater?

HUGENBERG.

Er ist Polizeidirektor. Ich kenne das Gefängnis, ohne dass ich jemals drin war; und mich wird, so wie ich jetzt bin, kein Aufseher erkennen. Aber darauf rechne ich gar nicht. Ich weiß eine eiserne Leiter, von der man vom ersten Hof aus aufs Dach und durch eine Dachluke unter den Dachboden gelangt. Vom Innern aus führt kein Weg dorthin. Aber in allen fünf Flügeln liegen Bretter und Latten unter den Dächern und große Haufen Späne. Ich schleppe die Bretter und Latten und Späne an fünf Enden zusammen und zünde sie an. Ich habe alle Taschen voll Zündmaterial, wie es zum Feuermachen gebraucht wird.

ALWA.

Dann verbrennen Sie doch!

HUGENBERG.

Natürlich, wenn ich nicht gerettet werde. Aber um in den ersten Hof zu kommen, muss ich den Schließer in meiner Gewalt haben, und dazu brauche ich Geld. Nicht dass ich ihn bestechen will; das würde nicht gelingen. Ich muss ihm das Geld vorher leihen, damit er seine drei Kinder in die Sommerfrische schicken kann. Dann drücke ich mich morgens um vier, wenn die Sträflinge aus geachteten Familien entlassen werden, zur Tür hinein. Er schließt hinter mir ab. Er fragt mich, was ich vorhabe; ich bitte ihn, mich am Abend wieder hinauszulassen. Und eh' es hell wird, bin ich unter dem Dachboden.

ALWA.

Wie sind Sie aus der Besserungsanstalt entkommen?

HUGENBERG.

Ich bin zum Fenster hinausgesprungen. Ich brauche
zweihundert Mark, damit der Kerl seine Familie in
die Sommerfrische schicken kann.

RODRIGO, *aus der Portière tretend.*

Wünschen der Herr Baron den Kaffee im Musikzim-
mer oder auf der Veranda serviert?

HUGENBERG.

Wo kommt der Mensch her?! – Aus derselben Türe! –
Er sprang aus derselben Türe heraus!

ALWA.

Ich habe ihn in Dienst genommen. Er ist zuverlässig.

HUGENBERG, *sich an die Schläfen greifend.*

Ich Dummkopf! – Ich Dummkopf!

RODRIGO.

Ja, ja, wir haben uns hier schon gesehen! Scheren
Sie sich zu Ihrer Frau Vize-Mama! Ihr Brüderchen
möchte seinen Geschwistern gerne Onkel werden.
Machen Sie Ihren Herrn Papa zum Großvater seiner
Kinder. Sie haben uns gefehlt! Wenn Sie mir in den
nächsten vierzehn Tagen noch einmal unter die Augen
kommen, dann schlage ich Ihnen den Kürbis zu Brei
zusammen.

ALWA.

Seien Sie doch ruhig!

HUGENBERG.

Ich Dummkopf!

RODRIGO.

Was wollen Sie mit Ihren Brennmaterialien! – Wissen
Sie denn nicht, dass die Frau seit drei Wochen tot ist?

HUGENBERG.

Hat man ihr den Kopf abgeschlagen?

RODRIGO.

Nein, den hat sie noch. Sie ist an der Cholera
krepiert.

HUGENBERG.

Das ist nicht wahr.

RODRIGO.

Was wollen Sie denn wissen! – Da, lesen Sie; hier!
Zieht ein Zeitungsblatt hervor und deutet auf eine
Notiz darin »Die Mörderin des Dr. Schön ... «
Gibt das Blatt an Hugenberg.

HUGENBERG, *liest.*

»Die Mörderin des Dr. Schön ist im Gefängnis auf
unbegreifliche Weise an der Cholera erkrankt.« –
Da steht nicht, dass sie gestorben ist.

RODRIGO.

Was will sie denn sonst getan haben? Sie liegt seit drei
Wochen auf dem Kirchhof. In der Ecke links hinten,
hinter den Müllhaufen, wo die kleinen Kreuze sind, an
denen kein Name steht, da liegt sie unter dem ersten.
Sie erkennen den Platz daran, dass kein Gras darauf
wächst. Hängen Sie einen Blechkranz hin, und dann
machen Sie, dass Sie wieder in Ihre Kinderbewahran-
stalt kommen, sonst denunziere ich Sie bei der Polizei.
Ich kenne das Frauenzimmer, das sich durch Sie ihre
Mußestunden versüßen lässt.

HUGENBERG.

Ist es wahr, dass sie tot ist?

ALWA.

Gott sei Dank, ja! – Ich bitte Sie, mich nicht länger in
Anspruch zu nehmen. Mein Arzt verbietet mir, Besu-
che zu empfangen.

HUGENBERG.

Meine Zukunft ist so wenig mehr wert! Ich hätte das
letzte bisschen, das mir das Leben noch gilt, gerne an

ihr Glück hingegeben. Pfeif drein! Auf irgendeine Art
werde ich nun doch wohl zum Teufel gehen!

RODRIGO.

Wenn Sie sich unterstehen und mir oder dem Herrn
Doktor hier oder meinem ehrenwerten Freund Schigolch noch in irgendwelchen Weise zu nahe treten,
dann verklage ich Sie wegen beabsichtigter Brandstif-
terei. Ihnen tun drei Jahre Zuchthaus not, damit Sie
wissen, wo Ihre Finger nicht hineingehören. – Und
jetzt hinaus!

HUGENBERG.

Ich Dummkopf!

RODRIGO.

Hinaus!

Wirft Hugenberg zur Tür hinaus.

Nach vorne kommend.

Nimmt mich wunder, dass Sie dem Lümmel nicht
auch Ihr Portemonnaie zur Verfügung gestellt haben.

ALWA.

Ich verbitte mir Ihre Unflätigkeiten! Der Junge ist im
kleinen Finger mehr wert als Sie!

RODRIGO.

Ich habe an dieser Geschwitz schon Genossenschaft
genug. Soll meine Braut eine Gesellschaft mit be-
schränkter Haftpflicht werden, dann mag ein anderer
vorangehen. Ich gedenke die pompöseste Luftgymnastikerin aus ihr zu machen und setze deshalb gerne
meine Gesundheit aufs Spiel. Aber dann bin ich Herr
im Hause und bezeichne selber die Kavaliere, die sie
bei sich zu empfangen hat.

ALWA.

Der Junge hat das, was unserem Zeitalter fehlt. Er ist
eine Heldennatur. Er geht deshalb natürlich zugrunde.
Erinnern Sie sich, wie er vor Verkündigung des Urteils

aus der Zeugenbank sprang und dem Vorsitzenden zurief: »Woher wollen Sie wissen, was aus Ihnen geworden wäre, wenn Sie sich als zehnjähriges Kind die Nächte barfuß hätten in den Cafés herumtreiben müssen?!«

RODRIGO.

Hätte ich ihm nur gleich eine dafür in die Fresse hauen können! – Gottlob gibt es Zwangserziehungsanstalten, in denen man solchem Pack Respekt vor dem Gesetz einflößt.

ALWA.

Er wäre so einer, der mir in meinem »Weltbeherrscher« Modell stehen könnte. Seit zwanzig Jahren bringt die dramatische Literatur nichts als Halbmenschen zustande; Männer, die keine Kinder machen, und Weiber, die keine gebären können. Das nennt man »modernes Problem«. Wenn ich bedenke, mit welch traurigen Jammergestalten sich mein Jugendfreund die Ehre erkämpft hat, der größte deutsche Dichter zu sein, dann wird es mir schwer, ihn um seinen Lorbeer zu beneiden. Seine Helden begehen Selbstmord, weil sie im Lauf von fünf Akten nicht bis drei zählen lernen. Und dafür begeistert sich ein in Gummiwäsche und Jägerhemden gekleidetes, von Schmutz starrendes Publikum von Klavierlehrerinnen, das an Hässlichkeit jeden Kehrichthaufen überbietet, der sich an den Hinterpforten eines Palastes aufstaut. Ich müsste nicht unter Exemplaren, wie es mein Vater und seine zweite Frau waren, groß geworden sein, wenn ich ihm seinen Lorbeer nicht sachte vom Haupte nehme.

RODRIGO.

Ich habe mir eine zwei Zoll dicke Nilpferdpeitsche bestellt. Wenn die keinen Sukzeß bei ihr hat, dann will ich Kartoffelsuppe im Hirnkasten haben. Ist es Liebe oder sind es Prügel, danach fragt kein Weiberfleisch; hat es nur Unterhaltung, dann bleibt es stramm und frisch. Sie steht jetzt im zwanzigsten Jahr, war dreimal verheiratet, hat eine kolossale Menge Liebhaber befriedigt, da melden sich auch schließlich die Herzensbedürfnisse. Aber dem Kerl müssen die sieben Todsünden auf der Stirn geschrieben stehen, sonst verehrt sie ihn nicht. Wenn der Mensch so aussieht, als hätte ihn ein Hundefänger auf die Straße gespuckt, dann hat er bei solchen Frauenspersonen keinen Prinzen zu fürchten. Ich miete eine Remise an der Rue Lafontaine; da wird sie dressiert; und hat sie den ersten Tauchersprung exekutiert, ohne den Hals zu brechen, dann ziehe ich meinen schwarzen Frack an und rühre bis an mein Lebensende keinen Finger mehr. Bei ihrer praktischen Einrichtung kostet es die Frau nicht halb soviel Mühe, ihren Mann zu ernähren, wie umgekehrt. Wenn ihr der Mann nur die geistige Arbeit besorgt und den Familiensinn nicht in die Puppen gehen lässt.

ALWA.

Ich habe die Menschheit beherrschen und als eingefahrenen Viererzug vor mir im Zügel führen gelernt – aber der Junge will mir nicht aus dem Kopf. Ich kann bei diesem Gymnasiasten wirklich noch Privatunterricht in der Weltverachtung nehmen.

RODRIGO.

Sie soll sich das Fell getrost mit Tausendmarkscheinen tapezieren lassen! Den Direktoren zapfe ich die Gagen mit der Zentrifugalpumpe ab. Ich kenne die Bande. Brauchen sie einen nicht, dann darf man ihnen die Stiefel putzen, und wenn sie eine Künstlerin nötig haben, dann schneiden sie sie mit den verbindlichsten Komplimenten eigenhändig vom lichten Galgen herunter.

ALWA.

In meinen Verhältnissen habe ich außer dem Tod nichts mehr in dieser Welt zu fürchten – im Reich der Empfindungen bin ich der ärmste Bettler! Aber ich bringe den moralischen Mut nicht mehr auf, meine befestigte Position gegen die Aufregungen des wilden Abenteurerlebens einzutauschen.

RODRIGO.

Sie hatte Papa Schigolch und mich zusammen auf den Strich geschickt, damit wir ihr ein kräftiges Mittel gegen Schlaflosigkeit aufstöbern. Jeder bekam ein Zwanzigmarkstück für Reiseunkosten. Da sehen wir den Jungen im Café »Nachtlicht« sitzen. Er saß wie ein Verbrecher auf der Anklagebank. Schigolch beroch ihn von allen Seiten und sagte: »Der ist noch Jungfrau.«

Oben auf der Galerie werden schleppende Schritte hörbar.

RODRIGO.

Da ist sie! – Die zukünftige pompöseste Luftgymnastikerin der Jetztzeit!

Über der Treppe teilt sich der Vorhang, und Lulu, im schwarzen Kleid, auf Schigolchs Arm gestützt, schleppt sich langsam die Treppe herunter.

SCHIGOLCH.

Hü, alter Schimmel! Wir müssen heute noch nach Paris.

RODRIGO, *Lulu mit blöden Augen anglotzend.*

Himmel, Tod und Wolkenbruch!

LULU.

Langsam! Du klemmst mir den Arm ein!

RODRIGO.

Woher nimmst du die Schamlosigkeit, mit einem solchen Wolfsgesicht aus dem Gefängnis auszubrechen?!

SCHIGOLCH.

Halt die Schnauze!

RODRIGO.

Ich laufe nach der Polizei! Ich mache Anzeige! Diese Vogelscheuche will sich in Paris in Trikots sehen lassen. Da kosten schon die Wattons zwei Monatsgagen. – Du bist die perfideste Hochstaplerin, die je im Hotel »Ochsenbutter« Logis bezogen hat!

ALWA.

Ich bitte Sie, die Frau nicht zu beschimpfen!

RODRIGO.

Beschimpfen nennen Sie das?! – Ich habe mir dieser abgenagten Knochen wegen meinen Wanst angefressen! Ich bin erwerbsunfähig! Ich will ein Hanswurst sein, wenn ich noch einen Besenstiel hochstemmen kann! Aber mich soll hier auf dem Platze der Blitz erschlagen, wenn ich mir nicht eine Lebensrente von zehntausend Mark jährlich aus Ihren Gemeinheiten herausknoble! Das kann ich Ihnen sagen! Glückliche Reise! Ich laufe nach der Polizei!

Ab.

SCHIGOLCH.

Lauf, lauf!

LULU.

Der wird sich hüten!

SCHIGOLCH.

Den sind wir los. – Und jetzt schwarzen Kaffee für die Dame!

ALWA, *am Tisch links vorn.*

Hier ist Kaffee; man braucht nur einzuschenken.

SCHIGOLCH.

Ich muss noch die Schlafwagenbillette besorgen.

LULU.

O Freiheit! Herrgott im Himmel!!

SCHIGOLCH.

In einer halben Stunde hol' ich dich. Abschied feiern

wir im Bahnhofsrestaurant. Ich bestelle ein Souper,
das bis Paris vorhält. – Guten Morgen, Herr Doktor!

ALWA.

Guten Abend!

SCHIGOLCH.

Angenehme Ruhe! – Danke, ich kenne hier jede Tür-
klinke. Auf Wiedersehen! Viel Vergnügen!

Durch die Mitteltür ab.

LULU.

Ich habe seit anderthalb Jahren kein Zimmer gesehen – Gardinen, Sessel, Bilder …

ALWA.

Willst du nicht trinken?

LULU.

Ich habe seit fünf Tagen schwarzen Kaffee genug
geschluckt. Hast du keinen Schnaps?

ALWA.

Ich habe Elixir de Spa.

LULU.

Das erinnert an alte Zeiten.

Sieht sich, während Alwa zwei Gläschen füllt, im Saal um.

Wo ist denn mein Bild?

ALWA.

Das habe ich in meinem Zimmer, damit man es hier
nicht sieht.

LULU.

Hol doch das Bild her.

ALWA.

Hast du deine Eitelkeit auch im Gefängnis nicht
verloren?

LULU.

Wie angstvoll einem ums Herz wird, wenn man mo-
natelang sich selbst nicht mehr gesehen hat! Dann
bekam ich eine nagelneue Kehrichtschaufel. Wenn ich

morgens um sieben ausfegte, hielt ich sie mir mit der Rückseite vors Gesicht. Das Blech schmeichelt nicht, aber ich hatte doch meine Freude. – Hol das Bild aus deinem Zimmer. Soll ich mitkommen?

ALWA.

Um Gottes willen, du musst dich schonen!

LULU.

Ich habe mich jetzt lang genug geschont.

Alwa geht durch die Türe rechts ab, um das Bild zu holen.

LULU, *allein.*

Er ist herzleidend; aber sich vierzehn Monate mit der Einbildung plagen müssen – wer erträgt das! Er küsst mit Todesbangen, und seine beiden Knie schlottern wie bei einem ausgefrorenen Handwerksburschen. Aber in Gottes Namen! – – Hätte ich in diesem Zimmer nur seinen Vater nicht in den Rücken geschossen!

ALWA, *kommt zurück mit Lulus Bild im Pierrotkostüm.*

Es ist ganz verstaubt. Ich hatte es mit der Vorderseite gegen den Kamin gelehnt.

LULU.

Du hast es nicht angesehen, während ich fort war?

ALWA.

Ich hatte infolge des Verkaufs unserer Zeitung so viel geschäftliche Dinge zu erledigen. Die Geschwitz würde es gerne bei sich in ihrer Wohnung aufgehängt haben, aber sie hatte Haussuchungen zu gewärtigen.

Er hebt das Bild auf die Staffelei.

LULU.

Nun lernt das arme Ungeheuer das Freudenleben im Hotel »Ochsenbutter« auch aus eigener Erfahrung kennen.

ALWA.

Ich begreife noch jetzt nicht, wie die Ereignisse eigentlich zusammenhängen.

LULU.

Sie war als Diakonissin nach Hamburg gereist und hatte die Unterwäsche einer Cholerakranken nach deren Tod gegen ihre eigene gewechselt. Sie schickte sie mir, als sie zurück war. Wir verständigten uns durch Briefe, in denen immer nur das letzte Wort auf jeder Seite galt. Ich wurde ins Lazarett transportiert und lag schon nach zwei Tagen mit ihr zusammen in der Isolierbaracke. Da machte sie sich mir in allem so ähnlich wie möglich und wurde dann als geheilt entlassen. Heute kam sie noch einmal, um mich zu besuchen. Jetzt liegt sie dort als die Mörderin des Doktor Schön.

ALWA.

Mit dem Bilde kannst du es, soweit es die äußere Erscheinung betrifft, immer noch aufnehmen.

LULU.

Im Gesicht bin ich etwas schmal, aber sonst habe ich nichts verloren. Man wird nur unglaublich nervös im Gefängnis.

ALWA.

Du sahst schrecklich elend aus, als du hereinkamst.

LULU.

Das musste ich, um uns den Springfritzen vom Halse zu schaffen. – Und du, was hast du in den anderthalb Jahren getan?

ALWA.

Ich hatte mit einem Stück, das ich über dich geschrieben, einen Achtungserfolg in der literarischen Gesellschaft.

LULU.

Wer ist dein Schatz?

ALWA.

Eine Schauspielerin, der ich eine Wohnung in der Karlstraße gemietet habe.

Lulu.

Liebt sie dich?

Alwa.

Wie soll ich das wissen! Ich habe die Frau seit sechs
Wochen nicht gesehen.

Lulu.

Erträgst du das?

Alwa.

Das wirst du nie begreifen. Bei mir besteht die intimste
Wechselwirkung zwischen meiner Sinnlichkeit und
meinem geistigen Schaffen. So z.B. bleibt mir dir gegenüber nur die Wahl, dich künstlerisch zu gestalten
oder dich zu lieben.

Lulu.

Mir träumte alle paar Nächte einmal, ich sei einem
Lustmörder unter die Hände geraten. Komm, gibt mir
einen Kuss!

Alwa.

In deinen Augen schimmert es wie der Wasserspiegel
in einem tiefen Brunnen, in den man einen Stein
geworfen hat.

Lulu.

Komm!

Alwa, *küsst sie.*

Deine Lippen sind allerdings etwas schmal geworden.

Lulu.

Komm!

Sie drängt ihn in einen Sessel und setzt sich ihm aufs Knie.

Graut dir vor mir? – Im Hotel »Ochsenbutter« beka-
men wir alle vier Wochen ein lauwarmes Bad. Die Auf-
seherinnen benutzten dann die Gelegenheit, um uns,
sobald wir im Wasser waren, die Taschen zu durchsu-
chen.

ALWA.

Oh, oh!

LULU.

Du fürchtest, du könntest, wenn ich fort bin, kein Gedicht mehr über mich machen?

ALWA.

Im Gegenteil, ich werde einen Dithyrambus über deine Herrlichkeit schreiben.

LULU.

Ich ärgere mich nur über das scheußliche Schuhwerk, das ich trage.

ALWA.

Das beeinträchtigt deine Reize nicht. Lass uns der Gunst des Augenblickes dankbar sein.

LULU.

Mir ist heute gar nicht danach zumut. – Erinnerst du dich des Kostümballes, auf dem ich als Knappe gekleidet war? Wie mir damals die betrunkenen Frauen nachrannten! Die Geschwitz kroch mir um die Füße herum und bat mich, ich möchte ihr mit meinen Zeugschuhen ins Gesicht treten.

ALWA.

Komm, süßes Herz!

LULU.

Ruhig; ich habe deinen Vater erschossen.

ALWA.

Deswegen liebe ich dich nicht weniger. Einen Kuss!

LULU.

Beug den Kopf zurück.

ALWA.

Du hältst meine Seelenglut durch die geschicktesten Künste zurück. Dabei atmet deine Brust so keusch. Und trotzdem, wenn deine beiden großen dunklen Kinderaugen nicht wären, müsste ich dich für die abgefeimteste

Dirne halten, die je einen Mann ins Verderben gestürzt
hat.

Lulu.

Wollte Gott, ich wäre das! Komm heute mit nach Paris.
Dort können wir uns sehen, so oft wir wollen, und werden mehr Vergnügen als jetzt aneinander haben.

Alwa.

Durch dieses Kleid empfinde ich deinen Wuchs wie
eine Symphonie. Diese schmalen Knöchel, dieses
Cantabile; dieses entzückende Anschwellen; und diese
Knie, dieses Capriccio; und das gewaltige Andante der
Wollust. – Wie friedlich sich die beiden schlanken Ri-
valen in dem Bewusstsein aneinanderschmiegen, dass
keiner dem andern an Schönheit gleichkommt – bis die
launische Gebieterin erwacht und die beiden Neben-
buhler wie zwei feindliche Pole auseinanderweichen!
Ich werde dein Lob singen, dass dir die Sinne vergehn!

Lulu.

Derweil vergrabe ich meine Hände in deinem Haar.
Aber hier stört man uns.

Alwa.

Du hast mich um meinen Verstand gebracht!

Lulu.

Kommst du nicht mit nach Paris?

Alwa.

Der Alte fährt doch mit dir!

Lulu.

Der kommt nicht mehr zum Vorschein. – Ist das noch
der Diwan, auf dem sich dein Vater verblutet hat?

Alwa.

Schweig – Schweig …

ZWEITER AUFZUG

Paris. Ein geräumiger Salon in weißer Stukkatur mit breiter Flügeltür in der Hinterwand. Zu beiden Seiten derselben hohe Spiegel. In beiden Seitenwänden je zwei Türen; dazwischen rechts eine Rokokokonsole mit weißer Marmorplatte, darüber Lulus Bild als Pierrot in schmalem Goldrahmen in der Wand eingelassen. In der Mitte des Salons ein schmächtiges, hellgepolstertes Sofa Louis XV. Breite hellgepolsterte Fauteuils mit dünnen Beinen und schmächtigen Armlehnen. Links vorn ein kleiner Tisch. Die Mitteltür steht offen und lässt im Hinterzimmer einen breiten Bakkarattisch, von türkischen Polstersesseln umstellt, sehen.

Alwa Schön, Rodrigo Quast, der Marquis Casti-Piani, Bankier Puntschu, Journalist Heilmann, Lulu, die Gräfin Geschwitz, Madelaine de Marelle, Kadéga di Santa Croce, Bianetta Gazil, Ludmilla Steinherz bewegen sich im Salon in lebhafter Konversation.

Die Herren sind in Gesellschaftstoilette. – Lulu trägt eine weiße Directoirerobe mit mächtigen Puffärmeln und einer vom oberen Taillensaum frei auf die Füße fallenden weißen Spitze; die Arme in weißen Glacés, das Haar hochfrisiert mit einem kleinen weißen Federbusch. – Die Geschwitz in hellblauer, mit weißem Pelz verbrämter, mit Silberborten verschnürter Husarentaille. Weißer Schlips, enger Stehkragen und steife Manschetten mit riesigen Elfenbeinknöpfen. – Madelaine de Marelle in hellem regenbogenfarbigen Changeantkleid mit sehr breiten Ärmeln, langer schmaler Taille und drei Volants aus spiralförmig gewundenen Rosabändern und Veilchenbuketts. Das Haar in der Mitte gescheitelt, tief über die Schläfen fallend, an den Seiten gelockt. Auf der Stirn ein Perlmutterschmuck, von einer feinen, unter das Haar gezogenen Kette gehalten. – Kadéga di Santa Croce, ihre Tochter, zwölf Jahre alt, in hellgrünen Atlasstiefeletten, die den Saum der weißseidenen Socken freilassen; der Oberkörper in weißen Spitzen; hellgrüne, enganliegende Ärmel; perlgraue Glacés; offnes schwarzes Haar unter einem großen hellgrünen Spitzenhut mit weißen Federn. Bianetta Gazil in dunkelgrünem Samt; perlenbesetzter Göller, Blusenärmel, faltenreicher Rock ohne Taille, der untere Saum mit großen, in Silber gefassten falschen Topasen besetzt. – Ludmilla Steinherz in einer grellen, blau und rot gestreiften Seebadtoilette, – Armande und Bob reichen Champagner. – Armande in knappem schwarzen Kleid, rechtwinklig ausgeschnitten, mit weißem Fichu Maria Antoinette. – Bob, vierzehn Jahre alt, in rotem Jackett, prallen Lederhosen und blinkenden Stulpstiefeln.

RODRIGO, *das volle Glas in der Hand.*

Mesdames et Messieurs – excusez – Mesdames et Messieurs – vous me permettez – soyez tranquilles – c'est le –

zu Ludmilla Steinherz

Was heißt Geburtstagsfest?

LUDMILLA STEINHERZ.

L'anniversaire!

RODRIGO.

Heißen Dank. C'est le – c'est l'anniversaire de notre bien aimable hôtesse – comtesse, qui nous a réuni ici – ce soir. Permettez, Mesdames et Messieurs – c'est à la santé de la comtesse Adélaïde d'Oubra – Verdammt und zugenäht! – que je bois, à la santé de notre bien aimable hôtesse, la comtesse Adélaïde – dont c'est aujourd'hui l'anniversaire …

Alle umringen Lulu und stoßen mit ihr an.

ALWA, *zu Rodrigo.*

Ich gratuliere dir.

RODRIGO.

Ich schwitze von oben bis unten. – Il vous faut bien m'excuser que je ne parle pas mieux le Français parce que je ne suis pas Parisien.

BIANETTA GAZIL.

De quel pays êtes-vous?

RODRIGO.

Je suis Autrichien.

BIANETTA GAZIL.

Vous maniez les poids, Monsieur?

RODRIGO.

Parfaitement, Madame.

MADELAINE DE MARELLE.

Moi, en général, je n'aime pas les athlètes. Je préfère les tireurs. il y avait un tireur, il y a quinze mois, au Casino, chaque fois, qu'il faisait boum, moi je faisais …

Sie zuckt mit dem Leib.

CASTI-PIANI.

Dites donc, chère belle, comment se fait-il que ce soit la première fois qu'on ait le plaisir de rencontrer votre charmante petite princesse?

MADELAINE DE MARELLE.

Vous la trouvez tellement charmante? – Elle vit dans son convent. Elle n'est à Paris que pour vingt-quatre heures. Elle rentrera demain soir.

KADÉGA DI SANTA CROCE.

Tu dis, petite mère?

MADELAINE DE MARELLE.

Mon bijou – je viens de raconter à ces messieurs que l'autre semaine tu as en le premier prix de géométrie.

HEILMANN.

Quels jolis cheveux elle a!

Casti-Piani.

Regardez ces pieds! Cette manière de marcher! –

Puntschu.

Certes, elle est de râce!

Madelaine de Marelle.

Ayez donc pitié, Messieurs! Elle est encore tellement enfant.

Puntschu.

Voilà ce qui ne me gênerait pas! Je donnerais dix ans de ma vie si je pouvais introduire mademoiselle dans les grands mystères de notre évangile.

Madelaine de Marelle.

Eh bien, Monsieur, je ne consentirais pas pour un million. Je ne veux pas lui gâter son heureuse enfance comme on a gâté la mienne.

Casti-Piani.

Belle âme! Vous n'y consentiriez pas non plus pour une petite parure en vrais diamants?

Madelaine de Marelle.

Pas de blagues! Vous ne m'achèterez pas de vrais diamants ni à moi ni à ma fille. Vous n'en êtes que trop sûr.

Ludmilla Steinherz, *zur Gräfin Geschwitz.*

Die Pariser Malerschulen, wissen Sie, sind alle gut. Dafür sind wir schließlich in Paris. Ich rate Ihnen zu Julian. Wenn Sie in die Passage Panorama eintreten, der erste Seitengang links. Da sehen Sie dann gleich mit großen Buchstaben angeschrieben »Ecole Julian«.

Die Geschwitz.

Ich weiß noch nicht, ob ich in eine Schule gehen werde. Es nimmt so viel Zeit weg.

Bianetta Gazil.

Est-ce qu'on ne joue pas ce soir?

Ludmilla Steinherz.

Mais si, Madame, on jouera; je l'espère bien!

Bianetta Gazil.

Allons donc prendre nos places. Je voudrais gagner.

Die Geschwitz.

Une petite seconde, Mesdames; j'ai à dire deux mots à mon amie.

Casti-Piani, *der Gazil den Arm bietend.*

Madame – vous m'accorderez la faveur d'être de moitié avec vous. Vous avez la main si heureuse. Er führt sie ins Spielzimmer, Ludmilla Steinherz folgt ihnen.

Rodrigo.

Au déjeuner, ce matin, la servante me demande: »Désirez-vous du pissenlit, Monsieur?«

Heilmann.

Eh bien, mon cher; qu'est-ce que vous lui avez répondu?

Rodrigo.

Je disais: »Merci, ma belle; je n'en ai pas l'habitude.«

Lulu.

Ce qu'il est bête!

Madelaine de Marelle.

Vous faites de l'esprit, Monsieur.

Puntschu.

Ce serait à peu près, comme si vous me demandiez des actions de la Société du Funiculaire de la Jung-Frau et si je vous répondais, moi: »Elle ne l'est plus maintenant!«

Madelaine de Marelle.

Je ne comprends pas, Monsieur.

Puntschu.

Parce que vous ne savez pas l'Allemand, Madame. Jung-Frau, c'est un mot allemand, qui veut dire Vierge.

Madelaine de Marelle.

Est-ce que vous en avez encore, de ces actions là?

PUNTSCHU.

J'en ai quelques milles, moi; mais je les garde. Il n'y aura guère d'occasion semblable pour se faire une petite fortune.

HEILMANN.

Moi, je n'en ai qu'une seul jusqu'à présent. Je voudrais en avoir d'autres.

PUNTSCHU.

Si vous voulez, Monsieur, j'essayerai de vous les procurer. Mais je vous en préviens, vous les payerez des prix exorbitants.

MADELAINE DE MARELLE.

J'ai eu de la chance, moi, dans cette affaire. Je m'y suis prise de bonne heure. J'y ai mis toutes mes économies. – Si ça ne réussit pas, gare à vous!

PUNTSCHU.

Je suis tout-à-fait sur de moi. Un jour, Madame, vous me baiserez les mains. Vous ferez un petit pélérinage en Suisse, avec Mademoiselle votre fille, vous montrez avec ce Funiculaire et vous bénirez du haut de la montagne ce pays fertile, la source de vos richesses.

ALWA.

Vous n'avez rien à craindre, Madame. Moi aussi, j'y ai engagé ma fortune jusqu'au dernier sou. Je les ai payées fort cher, mes actions, mais je ne le regrette pas. Elles montent d'un jour à l'autre; c'est extraordinaire.

MADELAINE DE MARELLE.

Eh bien, tant mieux.

Seinen Arm nehmend.

Allons au jeu!

Madelaine de Marelle, Alwa, Puntschu, Lulu, Heilmann und Kadéga gehen ins Spielzimmer. Armande und Bob nach links ab. – Rodrigo und die Gräfin Geschwitz bleiben zurück.

Rodrigo, *kritzelt etwas auf einen Zettel und faltet denselben zusammen; die Geschwitz bemerkend.*

Hm, gräfliche Gnaden …

Da die Geschwitz zusammenzuckt.

Seh' ich denn so gefährlich aus?

Für sich.

Ich muss ein Bonmot machen.

Laut.

Darf ich mir vielleicht etwas herausnehmen?

Die Geschwitz.

Scheren Sie sich zum Henker!

Casti-Piani, *Lulu in den Salon führend.*

Sie erlauben mir nur zwei Worte.

Lulu, *während ihr Rodrigo unbemerkt einen Zettel in die Hand drückt.*

Bitte, soviel Sie wollen.

Rodrigo.

Ich habe die Ehre, mich zu empfehlen.

Ins Spielzimmer ab.

Casti-Piani, *zur Geschwitz.*

Lassen Sie uns allein!

Lulu, *zu Casti-Piani:*

Habe ich Sie wieder durch irgend etwas gekränkt?

Casti-Piani, *da sich die Geschwitz nicht vom Fleck rührt.*

Sind Sie taub?

Die Geschwitz geht tief aufseufzend ins Spielzimmer ab.

Lulu.

Sag es nur gleich heraus, wieviel du haben willst.

Casti-Piani.

Mit Geld kannst du mir nicht mehr dienen.

Lulu.

Wie kommst du auf den Gedanken, dass wir kein Geld mehr haben?

CASTI-PIANI.

Weil du mir gestern euren letzten Rest ausgehändigt
hast.

LULU.

Wenn du dessen sicher bist, wird es ja wohl so sein.

CASTI-PIANI.

Ihr seid auf dem Trocknen, du und dein Schriftsteller.

LULU.

Wozu denn die vielen Worte? – Wenn du mich bei
dir haben willst, brauchst du mir nicht erst mit dem
Henkerbeil zu drohen.

CASTI-PIANI.

Das weiß ich. Ich habe dir aber schon mehrmals gesagt,
dass du gar nicht mein Fall bist. Ich habe dich nicht ausgeraubt, weil du mich liebtest, sondern ich habe dich geliebt, um dich ausrauben zu können. Bianetta ist mir von
oben bis unten angenehmer als du. Du stellst die aus-
gesuchtesten Leckerbissen zusammen, und wenn man
seine Zeit verplempert hat, ist man hungriger als vorher.
Du liebst schon zu lang, auch für unsere Pariser Verhält-
nisse. Einem gesunden jungen Menschen ruinierst du
nur das Nervensystem. Um so vorteilhafter eignest du
dich für die Stellung, die ich dir ausgesucht habe.

LULU.

Du bist verrückt! – Habe ich dich gebeten, mir eine
Stellung zu verschaffen?

CASTI-PIANI.

Ich sagte dir doch, dass ich Stellenvermittlungsagent
bin.

LULU.

Du sagtest mir, du seiest Polizeispion.

CASTI-PIANI.

Davon kann man nicht leben. Ursprünglich war ich
Stellenvermittlungsagent, bis ich über ein Pfarrers-

töchterchen stolperte, dem ich eine Stellung in Val Paraiso verschafft hatte. Das Holdchen hatte sich in seinen kindlichen Träumen das Leben noch berauschender vorgestellt und beklagte sich bei Mama. Darauf wurde ich festgesetzt. Durch charaktervolles Benehmen gewann ich mir aber rasch das Vertrauen der Kriminalpolizei. Mit einem Monatswechsel von hundertfünfzig Mark schickte man mich hierher, weil man wegen der ewigen Bombenattentate unser hiesiges Kontingent verdreifachte. Aber wer kommt hier mit hundertfünfzig Mark im Monat aus? – Meine Kollegen lassen sich von Kokotten aushalten. Mir lag es natürlich näher, meinen früheren Beruf wiederaufzunehmen. Die Französin geht, wenn sie das Herz auf dem rechten Fleck hat, allerdings nicht ins Ausland. Aber von den unzähligen Abenteuerinnen, die sich hier aus den besten Familien der ganzen Welt zusammenfinden, habe ich schon manches lebenshungrige junge Geschöpf an den Ort seiner natürlichen Bestimmung befördert.

Lulu.

Ich tauge nicht für diesen Beruf.

Casti-Piani.

Deine Ansichten über diese Frage sind mir vollkommen gleichgültig. Die Staatsanwaltschaft bezahlt demjenigen, der die Mörderin des Doktor Schön der Polizei in die Hand liefert, tausend Mark. Ich brauche nur den Sergeant de ville heraufzupfeifen, der unten an der Ecke steht, dann habe ich tausend Mark verdient. Dagegen bietet das Etablissement Oikonomopulos in Kairo sechzig Pfund für dich. Das sind fünfzehnhundert Francs, das sind zwölfhundert Mark, also zweihundert Mark mehr, als der Staatsanwalt bezahlt. Übrigens bin ich immerhin noch soweit Philanthrop, um meinen Lieben lieber zum Glücke zu verhelfen, als dass ich sie ins Unglück stürze.

Lulu.

Das Leben in einem solchen Haus kann ein Weib von meinem Schlag nie und nimmer glücklich machen. Als ich fünfzehn Jahre alt war, hätte mir das gefallen können. Damals verzweifelte ich daran, dass ich jemals glücklich werden würde. Ich kaufte mir einen Revolver und lief nachts barfuß durch den tiefen Schnee über die Brücke in die Anlagen hinaus, um mich zu erschießen. Dann lag ich aber glücklicherweise drei Monate im Spital, ohne einen Mann zu Gesicht zu bekommen. In jener Zeit gingen mir die Augen über mich auf, und ich erkannte mich. In meinen Träumen sah ich Nacht für Nacht den Mann, für den ich geschaffen bin und der für mich geschaffen ist. Und als ich dann wieder auf die Männer losgelassen wurde, da war ich kein dummes Gänschen mehr. Seither sehe ich es jedem bei stockfinsterer Nacht auf hundert Schritt Entfernung an, ob wir füreinander bestimmt sind. Und wenn ich mich gegen meine Erkenntnis versündige, dann fühle ich mich am nächsten Tage an Leib und Seele beschmutzt und brauche Wochen, um den Ekel, den ich vor mir empfinde, zu überwinden. Und nun bildest du dir ein, ich werde mich jedem Lumpenkerl hingeben!

Casti-Piani.

Lumpenkerle verkehren bei Oikonomopulos in Kairo nicht. Seine Kundschaft setzt sich aus schottischen Lords, aus russischen Würdenträgern, indischen Gouverneuren und unseren flotten rheinischen Großindustriellen zusammen. Ich muss nur dafür garantieren, dass du Französisch sprichst. Bei deinem eminenten Sprachtalent wirst du übrigens auch rasch genug so viel Englisch lernen, wie du zu deiner Tätigkeit nötig hast. Dabei residierst du in einem fürstlich ausgestatteten Appartement mit dem Ausblick auf die Minaretts der El-Azhar-Moschee, wandelst den ganzen Tag auf faustdicken persischen Teppichen, kleidest dich jeden Abend in eine märchenhafte Pariser Balltoilette, trinkst so viel Sekt, wie deine Kunden bezahlen können; und schließlich bleibst du ja auch bis zu einem gewissen Grad deine eigene Herrin. Wenn dir der Mann nicht gefällt, dann brauchst du ihm keinerlei Empfindung entgegenzubringen. Du lässt ihn seine Karte abgeben, und damit holla! Wenn sich die Luder darauf nicht einübten, dann wäre die ganze Sache überhaupt unmöglich, weil jede nach den ersten vier Wochen mit Sturmschritt zum Teufel ginge.

Lulu.

Ich glaube wirklich, seit gestern ist in deinem Gehirn irgend etwas nicht mehr, wie es sein soll! Soll ich mir einreden lassen, dass der Ägypter für eine Person, die er gar nicht kennt, fünfzehnhundert Francs bezahlt?

Casti-Piani.

Ich habe mir erlaubt, ihm deine Bilder zu schicken!

Lulu.

Die Bilder hast du ihm geschickt, die ich dir gab?

Casti-Piani.

Du siehst, dass er sie besser zu würdigen weiß als ich. Das Bild, auf dem du als Eva vor dem Spiegel stehst, wird er, wenn du dort bist, wohl unter der Haustür aufhängen. Dann kommt für dich noch eins in Betracht. Bei Oikonomopulos in Kairo bist du vor deinen Henkern sicherer, als wenn du dich in einen kanadischen Urwald verkriechst. Man überführt so leicht keine ägyptische Kurtisane in ein deutsches Gefängnis, erstens schon aus Sparsamkeitsrücksichten und zweitens aus Furcht, man könnte dadurch der ewigen Gerechtigkeit zu nahe treten.

LULU.

Was schert mich eure ewige Gerechtigkeit! Du kannst
dir an deinen fünf Fingern abzählen, dass ich mich
nicht in ein solches Vergnügungslokal sperren lasse.

CASTI-PIANI.

Dann erlaubst du, dass ich den Polizisten heraufpfeife.

LULU.

Warum bittest du mich nicht einfach um fünfzehnhundert Francs, wenn du das Geld nötig hast?

CASTI-PIANI.

Ich habe gar kein Geld nötig! – Übrigens bitte ich dich
deshalb nicht darum, weil du auf dem Trocknen bist.

LULU.

Wir haben noch dreißigtausend Mark.

CASTI-PIANI.

In Jungfrau-Aktien! Ich habe mich nie mit Aktien
abgegeben. Der Staatsanwalt bezahlt in deutscher
Reichswährung, und Oikonomopulos zahlt in engli-
schem Gold. Du kannst morgen früh in Marseille sein.
Die Mittelmeerfahrt dauert nicht viel mehr als fünf
Tage. In spätestens vierzehn Tagen bist du in Sicherheit. Hier in Paris stehst du dem Gefängnis näher als
irgendwo. Es ist ein Wunder, das ich als Polizeiorgan
nicht fasse, dass ihr hier ein volles Jahr unbehelligt
habt leben können. Aber so gut, wie ich euren Ante-
zedentien auf die Spur kam, kann bei deinem starken
Verbrauch an Männern jeden Tag einer meiner Kollegen die glückliche Entdeckung machen. Dann darf
ich mir den Mund wischen, und du verbringst deine
genussfähigsten Lebensjahre in der Einsamkeit. Willst
du dich bitte gleich entscheiden. Um halb ein Uhr fährt
der Zug nach Marseille. Sind wir bis elf Uhr nicht han-
delseinig, dann pfeife ich den Sergeant de ville herauf.
Andernfalls packe ich dich, so wie du dastehst, in einen

Fiacre, fahre dich nach der Gare de Lyon und begleite dich morgen abend aufs Schiff.

LULU.

Es kann dir damit doch unmöglich ernst sein?!

CASTI-PIANI.

Begreifst du nicht, dass es mir nur um deine leibliche Rettung zu tun ist?

LULU.

Ich gehe mit dir nach Amerika, nach China; aber ich kann mich selbst nicht verkaufen lassen! Das ist schlimmer als Gefängnis.

CASTI-PIANI.

Lies einmal diesen Herzenserguss! Er zieht einen Brief aus der Tasche Ich werde ihn dir vorlesen. Hier ist der Poststempel »Kairo«, damit du nicht glaubst, ich arbeite mit gefälschten Dokumenten. Das Mädchen ist Berlinerin, war zwei Jahre verheiratet, und das mit einem Mann, um den du sie beneidet hättest, einem ehemaligen Kameraden von mir. Er reist jetzt in Diensten einer Hamburger Kolonialgesellschaft.

LULU, *munter.*

Dann besucht er seine Frau ja vielleicht gelegentlich.

CASTI-PIANI.

Das ist nicht ausgeschlossen. Aber höre diesen impulsiven Ausdruck ihrer Seligkeit! Mein Mädchenhandel erscheint mir durchaus nicht ehrenvoller, als ihn der erste beste Richter taxieren würde; aber solch ein Freudenschrei lässt mich für den Augenblick eine gewisse sittliche Genugtuung empfinden. Ich bin stolz darauf, mein Geld damit zu verdienen, dass ich das Glück mit vollen Händen ausstreuen Er liest »Lieber Herr Meier!« So heiße ich als Mädchenhändler – »Wenn Sie nach Berlin kommen, gehen Sie bitte sofort in das Konservatorium an der Potsdamer Straße und

fragen Sie nach Gusti von Rosenkron – das schönste
Weib, das ich je in Natur gesehen habe; entzückende
Hände und Füße, von Natur schmale Taille, gera-
der Rücken, strotzender Körper, große Augen und
Stumpfnase – ganz so, wie Sie es bevorzugen. Ich habe
ihr schon geschrieben. Mit der Singerei hat sie keine
Aussicht. Die Mutter hat keinen Pfennig. Leider schon
zweiundzwanzig, aber verschmachtend nach Liebe.
Kann nicht heiraten, weil vollkommen mittellos. Habe
mit Madame gesprochen. Man nimmt mit Vergnügen
noch eine Deutsche, wenn gut erzogen und musika-
lisch. Italienerinnen und Französinnen können mit
uns nicht wetteifern, weil zu wenig Bildung. Wenn Sie
Fritz sehen sollten … « – Fritz ist der Mann; er lässt
sich natürlich scheiden – » … dann sagen Sie ihm,
alles war Langeweile. Er wusste es nicht besser, ich
wusste es auch nicht … « – jetzt folgt die Aufzählung
ihrer Glückseligkeiten …

LULU.

Ich kann nicht das Einzige verkaufen, das je mein
eigen war.

CASTI-PIANI.

Lass mich doch weiterlesen!

LULU.

Ich liefere dir heute abend noch unser ganzes Vermögen aus.

CASTI-PIANI.

Glaub mir doch um Gottes willen, dass ich euren letzten Sou schon bekommen habe. Wenn wir nicht bis elf
Uhr das Haus verlassen haben, dann transportiert man
dich morgen mit deiner Sippschaft per Schub nach
Deutschland.

LULU.

Du kannst mich nicht ausliefern!

Casti-Piani.

Meinst du, das wäre das Schlimmste, was ich in meinem Leben gekonnt habe? – Ich muss für den Fall, dass wir heute nacht nach Marseille fahren, nur rasch noch ein Wort mit Bianetta reden.

Casti-Piani geht ins Spielzimmer, die Tür hinter sich auf lassend. Lulu starrt vor sich hin, das Billett, das ihr Rodrigo zusteckte und das sie während des ganzen Gesprächs zwischen den Fingern hielt, mechanisch zerknitternd. Alwa erhebt sich hinter dem Spieltisch, ein Wertpapier in der Hand, und kommt in den Salon.

Alwa, *zu Lulu.*

Brillant! Es geht brillant! Die Geschwitz setzt eben ihr letztes Hemd. Puntschu hat mir noch zehn Jungfrau-Aktien versprochen. Die Steinherz macht ihre kleinen Profitchen.

Er geht nach links vorne ab.

Lulu, *allein.*

Ich soll in ein Bordell?

Sie liest den Zettel, den sie in der Hand hält, und lacht wie toll.

Alwa, *kommt von links zurück, eine Kassette in der Hand.*

Machst du denn nicht mit?

Lulu.

Gewiss, gewiss. Warum nicht!

Alwa.

Apropos, im »Berliner Tageblatt« steht heute, dass sich der Alfred Hugenberg im Gefängnis aus dem dritten Stockwerk ins Treppenhaus hinuntergestürzt hat.

Lulu.

Ist denn der auch im Gefängnis?

Alwa.

Nur in einer Art von Präventivhaft. Gerüchtweise verlautet, sein Vater, der Polizeidirektor, habe, während der Junge beerdigt wurde, Selbstmordversuch gemacht.

Alwa geht ins Spielzimmer ab. Lulu will ihm folgen. In der Tür tritt ihr die Gräfin Geschwitz entgegen.

DIE GESCHWITZ.

Du gehst, weil ich komme?

LULU.

Weiß Gott, nein. Aber wenn du kommst, dann gehe ich.

DIE GESCHWITZ.

Du hast mich um alles betrogen, was ich an Glücksgütern auf dieser Welt noch besaß. Du könntest in deinem Verkehr mit mir zum allerwenigsten die äußerlichen Anstandsformen wahren.

LULU.

Ich bin gegen dich so anständig wie gegen jede andere Frau. Ich bitte dich nur, es auch mir gegenüber zu sein.

DIE GESCHWITZ.

Hast du die leidenschaftlichen Beteuerungen vergessen, durch die du mich, während wir zusammen im Krankenhaus lagen, dazu verführtest, dass ich mich für dich ins Gefängnis sperren ließ?!

LULU.

Wozu hast du mir denn vorher die Cholera angehängt?! Ich habe während des Prozesses noch ganz andere Dinge beschworen, als was ich dir versprechen musste. Mich schüttelt der Ekel bei dem Gedanken, dass das jemals Wirklichkeit werden sollte!

DIE GESCHWITZ.

Dann betrogst du mich also mit vollem Bewusstsein?!

LULU.

Um was bist du denn betrogen? Deine körperlichen Vorzüge haben hier einen so begeisterten Bewunderer gefunden, dass ich mich frage, ob ich nicht noch einmal Klavierunterricht geben muss, um mein Dasein zu fristen. Kein siebzehnjähriges Kind macht einen Mann liebestoller, als du Ungeheuer den braven Kerl durch deine Widerspenstigkeit machst!

DIE GESCHWITZ.

Von wem sprichst du? Ich verstehe kein Wort.

LULU.

Ich spreche von deinem Kunstturner, von Rodrigo Quast. Er ist Athlet; er balanciert zwei gesattelte Kavalleriepferde auf seinem Brustkasten. Kann sich eine Frau etwas Herrlicheres wünschen? Er sagte mir eben noch, dass er diese Nacht in die Seine springe, wenn du dich seiner nicht erbarmst.

DIE GESCHWITZ.

Ich beneide dich nicht um deine Geschicklichkeit, die hilflosen Opfer, die dir durch unerforschliche Bestimmung überantwortet sind, zu martern. Ich kann dich überhaupt nicht beneiden. Ein Bedauern, wie ich es mit dir fühle, hat mir mein eigener Jammer noch nicht abgerungen. Ich fühle mich frei wie ein Gott bei dem Gedanken, welcher Kreaturen Sklavin du bist!

LULU.

Von wem sprichst du denn?

DIE GESCHWITZ.

Ich spreche von Casti-Piani, dem die verworfenste Niederträchtigkeit in lebenden Buchstaben auf der Stirn geschrieben steht.

LULU.

Schweig! Ich gebe dir Tritte in den Leib, wenn du schlecht von dem Jungen sprichst. Er liebt mich mit einer Aufrichtigkeit, gegen die deine abenteuerlichsten Aufopferungen die reine Bettelei sind. Er gibt mir Beweise von Selbstverleugnung, die mir deine Zumutungen erst in ihrer ganzen Abscheulichkeit zeigen. Was gibt man nicht hin, wenn man Gelüste hat wie du! Du bist im Leib deiner Mutter nicht ganz fertig geworden, weder als Weib noch als Mann. Du bist kein Mensch wie wir anderen. Für einen Mann war der vorhandene Stoff nicht ausreichend, und zum Weib hast du zuviel Hirn in den Schädel bekommen. Deshalb bist du verrückt! Wende dich mit deinen Gefühlen an Fräulein Bianetta Gazil. Die ist gegen Bezahlung zu allem zu haben. Drück ihr zwanzig Francs in die Hand, dann gehört sie dir.

Bianetta Gazil, Madelaine de Marelle, Ludmilla Steinherz, Rodrigo, Casti-Piani, Puntschu, Heilmann und Alwa kommen aus dem Spielzimmer in den Salon.

Lulu.

Um Gottes willen, was ist passiert?

Puntschu.

Mais rien du tout, ma chère. On va se rafraîchir.

Madelaine de Marelle.

Tout le monde a gagné, c'est épatant!

Bianetta.

Moi, j'ai gagné au moins quarante louis …

Ludmilla Steinherz.

Il ne faut pas s'en vanter, mon amie!

Madelaine de Marelle.

C'est vrai; ça ne porte pas bonheur.

Bianetta Gazil.

Mais la Banque aussi a gagné!

Alwa.

Es ist pyramidal, wo das Geld herkommt!

Casti-Piani.

Tant mieux; on n'a pas besoin de se priver de Champagne.

Heilmann.

J'ai au moins, moi, de quoi me payer un dîner au Café de Paris.

ALWA.

Venez, Mesdames, au buffet!
Die ganze Gesellschaft begibt sich nach rechts ins Spielzim-
mer. – Lulu wird von Rodrigo zurückgehalten.
RODRIGO.

Une petite seconde, Madame. – Hast du mein Billet-
doux schon gelesen?
LULU.

Droh mir mit Anzeigen, soviel du Lust hast! Ich habe
keine zwanzigtausend Francs mehr.
RODRIGO.

Lüg mich nicht an, du Kanaille! Ihr habt noch vierzig-
tausend Mark; der Lämmerschwanz hat mir das eben
noch bestätigt.
LULU.

Dann wende dich mit deinen Erpressungen doch an
ihn! Mir ist es egal, was er mit seinem Gelde tut.
RODRIGO.

Ich danke dir! Bei dem Hornochsen brauche ich zwei-
mal vierundzwanzig Stunden, bis er begreift, wovon
die Rede ist. Und dann kommen seine Erläuterungen
und Auseinandersetzungen, denen gegenüber einem
sterbensübel wird. Derweil schreibt mir meine Braut:
»Tout est fini entre nous!«, und ich kann den Leier-
kasten umhängen.
LULU.

Hast du dich denn hier in Paris verlobt?
RODRIGO.

Ich hätte dich wohl erst um Erlaubnis fragen sollen?
Was war hier mein Dank dafür, dass ich dich auf Kosten
meiner Gesundheit aus dem Gefängnis befreit habe? –
La misère noire! Ihr habt mich preisgegeben! Ich hätte
Packträger werden können, wenn mich dieses Mäd-
chen nicht aufgenommen hätte. In den Folies-Bergère

warf man mir gleich am ersten Abend einen Sammet-
fauteuil an den Kopf. Die französische Nation ist zu he-
runtergekommen, um noch gediegene Kraftleistungen
zu würdigen. Wäre ich ein boxendes Känguruh, dann
hätten sie mich interviewt und in allen Journalen ab-
gebildet. Gott sei Dank hatte ich auf der Toilette schon
die Bekanntschaft meiner Célestine gemacht. Als ich
ihr meine zwei Sous in die Hand drückte, erklärte sie
mir, sie beabsichtige, sich aus der Öffentlichkeit zu-
rückzuziehen. Sie hat die Ersparnisse zwanzigjähri-
ger Arbeit auf dem Crédit Lyonnais deponiert. Dabei
liebt sie mich um meiner selbst willen. Sie geht nicht
wie du nur auf Gemeinheiten aus. Sie hat drei Kinder
von einem englischen Bischof, die alle zu den schönsten Hoffnungen berechtigen. Übermorgen früh werden wir uns auf der Mairie des ersten Arrondissements
standesamtlich trauen lassen.

Lulu.

Meinen Segen hast du dazu.

Rodrigo.

Dein Segen kann mir gestohlen werden! Ich habe meiner Braut gesagt, ich hätte zwanzigtausend Francs auf
der Bank liegen.

Lulu.

Dabei prahlt der Kerl noch, dass ihn das Mädchen um
seiner selbst willen liebt!

Rodrigo.

Meine Célestine verehrt den Gemütsmenschen in mir,
und nicht den Kraftmenschen, wie du das getan hast
und all die anderen. Das ist jetzt überstanden! Erst ris-
sen sie einem die Kleider vom Leib, und dann wälzten
sie sich mit der Femme de chambre herum. Ich will ein
Totengerippe sein, wenn ich mich noch jemals auf solche Belustigungen einlasse!

LULU.

Warum zum Henker verfolgst du denn die unglückliche Geschwitz mit deinen schmutzigen Anträgen?

RODRIGO.

Weil das Frauenzimmer von Adel ist. Ich bin Homme du monde und verstehe mich besser als irgendeiner von euch auf den Pariser Konversationston. – Aber jetzt bitte ich um eine bündige Antwort. Wirst du mir bis morgen abend das Geld verschaffen oder nicht?

LULU.

Ich habe kein Geld.

RODRIGO.

Ich will Hühnerdreck im Kopf haben, wenn ich mich damit abspeisen lasse! Er gibt dir den letzten Sou, den er hat, wenn du nur einmal deine verdammte Pflicht und Schuldigkeit tust und ihn nicht umsonst vor deiner Tür winseln lässt. Du hast den armen Jungen hierher gelockt, und jetzt kann er sehen, wo er ein passendes Engagement für seine Vervollkommnung auftreibt.

LULU.

Was schert es dich, ob er das Geld mit Weibern oder am Spieltisch vertut?!

RODRIGO.

Wollt ihr denn mit Gewalt den letzten Pfennig, den sich sein Vater an der Zeitung verdient hat, diesem wildfremden Pack in den Rachen jagen?! Du machst vier Menschen glücklich, wenn du fünfe gerad sein lässt und dich einem wohltätigen Zweck opferst! Muss es denn immer und immer nur Casti-Piani sein!

LULU.

Soll ich ihn vielleicht bitten, dass er dir die Treppe hinunterleuchtet?

RODRIGO.

Comme vous voulez, ma chère! Wenn ich bis morgen abend die zwanzigtausend Francs nicht habe – du kannst sie auf dem Postbureau an der Avenue de l'Opéra deponieren –, dann erstatte ich Anzeige bei der Polizei, und euer Luderleben hat ein Ende. – Au plaisir de vous revoir!

Journalist Heilmann kommt atemlos von links hinten.

LULU.

Sie suchen Madelaine de Marelle? – Sie ist nicht hier.

HEILMANN.

Nein, ich suche etwas anderes.

RODRIGO, *ihm den Weg weisend.*

Die zweite Tür rechts, bitte.

LULU, *zu Rodrigo.*

Hast du das schon von deiner Braut gelernt?

HEILMANN, *stößt in der Tür links auf Bankier Puntschu.*

Pardon, mein Engel.

PUNTSCHU.

Ach, Sie sind's! Madame de Marelle erwartet Sie im Lift.

HEILMANN.

Fahren Sie bitte mit ihr hinauf. Ich bin gleich zurück.

Heilmann eilt nach links ab. Lulu geht ins Speisezimmer; Rodrigo folgt ihr.

PUNTSCHU, *allein.*

Quelle chaleur! – – Schneid' ich dir die Ohren nicht ab, schneidet du sie mir! – – Muss man sich durchquetschen zwischen Juden, Christen und Sirenen! – – Kann ich nicht vermieten mein Josaphat, muss ich mir helfen mit meinem Verstand! – Wird er nicht runzlig, mein Verstand; wird er nicht avachi; braucht er sich nicht zu baden in Eau de Cologne!

Bob überbringt ein Telegramm.

Bob.

A Monsieur Puntschu!

Puntschu, *erbricht es und murmelt.*

Les actions du Funiculaire de la Jung-Frau tombées …
Attends!

Gibt Bob ein Trinkgeld.

Comment t'appelles-tu?

Bob.

Gaston Tarnaud, Monsieur; mais on m'a baptisé Bob
parce que ça se prononce plus court comme ça.

Puntschu.

Es-tu né è Paris?

Bob.

Oui, Monsieur.

Puntschu.

Quel âge? …

Kadéga.

Maman n'est pas ici?

Puntschu.

Non. – Quelle charmante fille, mon dieu!

Kadéga.

Je la cherche partout; je ne puis pas la trouver.

Puntschu.

Attendez donc; Maman va revenir. – Ist sie weiß
Gott …

Auf Bob sehend.

Und das Paar Kniehosen! – Weiß man nicht – Gott
der Gerechte! – Wird mir unheimlich …

Nach rechts hinten ab.

Kadéga.

Ecoutez, Monsieur, vous n'avez pas vu ma mère?

Bob.

Non, Mademoiselle; je ne l'ai pas vue.

Kadéga.

J'ai tellement peur.

Bob.

Madame doit être montée. Si Mademoiselle veut me
suivre?

Kadéga.

Qu'est-ce qu'il y a là haut?

Bob.

Vous allez voir. Nous nous cacherons dans l'escalier.
Venez! Vous ne voulez pas?

Kadéga.

A quoi faire; dites?

Bob.

Ça vous amusera.

Kadéga.

Eh bien, faites voir.

Bob.

Pas ici –

Kadéga.

Je n'y monte pas. On va me gronder.

Bob.

Eh bien, Mademoiselle.

Kadéga.

Après vous, Monsieur!

*Madelaine de Marelle stürzt in heilloser Aufregung herein
und bemächtigt sich Kadégas.*

Madelaine de Marelle.

La voilà, mon Dieu! N'as-tu pas honte, vilaine garce,
hein?

Kadéga.

Oh, maman; je t'ai cherchée!

Madelaine de Marelle.

Tu m'as cherchée! T'ai-je envoyée me chercher? Qu'as-tu
à faire avec ce haiduck là?! Ah, tu me connaîtras!

*Alwa, Heilmann, Ludmilla Steinherz, Puntschu, die Gräfin
Geschwitz und Lulu treten aus dem Speisezimmer ein. –
Bob hat sich gedrückt.*

Madelaine de Marelle, *zu Kadéga.*

Ne pleure pas; tu sais!

Lulu, *zu Kadéga.*

Qu'est-ce que tu as? Pourquoi pleures-tu, mon enfant?

Puntschu, *zu Kadéga.*

Vous avez pleuré, Mademoiselle?

Ludmilla Steinherz.

La pauvre petite!

Madelaine de Marelle.

Ce sont les nerfs. Il n'y faut pas faire attention.

Puntschu.

Mais vous êtes trop sévère, Madame! Voilà l'âge le
plus difficile.

Die Geschwitz.

Je voudrais bien qu'on retournât au jeu.

*Die Gesellschaft begibt sich ins Spielzimmer. Lulu wird an der
Tür von Bob zurückgehalten, der ihr etwas zuflüstert.*

Lulu.

Eh bien, qu'il entre.

*Bob öffnet die Tür zum Korridor und lässt Schigolch eintre-
ten, Schigolch trägt Frack, weiße Halsbinde, schiefgetretene
Lackstiefel und einen schäbigen Klapphut, den er aufbehält.*

Schigolch, *mit einem Blick auf Bob.*

Wo hast du den her?

Lulu.

Aus dem Nouveau Cirque.

Schigolch.

Er ist etwas breit in den Hüften.

Lulu.

Er ist breiter als ich. – Gefällt dir das nicht?

SCHIGOLCH.

Wieviel Lohn bekommt er bei dir?

LULU.

Frag ihn, wenn dich das so interessiert.

SCHIGOLCH.

Dazu reichen meine französischen Sprachkenntnisse
noch nicht aus.

LULU, *zu Bob.*

Allez fermer les portes.

Bob geht ins Spielzimmer und schließt die Tür hinter sich.

SCHIGOLCH.

Ich brauche nämlich notwendig fünfhundert Francs.
Ich habe meiner Geliebten ein Appartement gemietet.
Elle veut se mettre dans ses meubles.

LULU.

Hast du dir hier auch noch eine Geliebte genommen?

SCHIGOLCH.

Sie ist Münchnerin. In ihrer Jugend war sie die Frau
des Königs von Neapel. Sie sagt mir jeden Tag, dass
sie früher einmal sehr hübsch gewesen sei.

LULU.

Braucht sie die fünfhundert Francs sehr nötig?

SCHIGOLCH.

Elle veut se mettre dans ses meubles. Solche Summen
spielen doch bei dir keine Rolle.

LULU, *in einen Sessel zusammenbrechend.*

O du allmächtiger Gott!

SCHIGOLCH.

Nun? – Was gibt es denn wieder?

LULU, *schluchzt krampfhaft.*

Es ist zu grauenhaft!

SCHIGOLCH.

Hm – du übernimmst dich, mein Kind. – Du musst
dich zuweilen mit einem Roman zu Bett legen. – Weine

nur; weine dich nur recht aus. – So hat es dich auch schon vor fünfzehn Jahren geschüttelt. Es hat seitdem kein Mensch mehr so geschrien, wie du damals hast schreien können. – Damals trugst du noch keinen weißen Federbusch auf dem Kopf und hattest auch keine durchlöcherten Strümpfe an deinen Beinen. Du hattest weder Stiefel noch Strümpfe daran.

LULU.

Nimm mich mit dir nach Haus! Nimm mich diese Nacht mit zu dir an den Quai de la Gare! Ich bitte dich! Wir finden unten Wagen genug!

SCHIGOLCH.

Ich nehme dich mit; ich nehme dich mit. – Was gibt es denn?

LULU.

Es geht um meinen Hals! Man zeigt mich an!

SCHIGOLCH.

Wer? – Wer zeigt dich an?

LULU.

Der Springfritze.

SCHIGOLCH.

Dem besorg' ich es!

LULU.

Besorg es ihm! Ich bitte dich, besorg es ihm! Dann tu mit mir, was du willst.

SCHIGOLCH.

Wenn er zu mir kommt, ist er abgetan. Mein Fenster geht auf die Seine. – Aber er kommt nicht; er kommt nicht.

LULU.

Welche Nummer wohnst du?

SCHIGOLCH.

Vingt-cinq, Quai de la Gare.

LULU.

Ich schicke ihn hin. Er kommt mit der verrückten Kröte, die mir um die Füße kriecht; er kommt noch heute abend. Geh nach Haus, damit sie es behaglich finden.

SCHIGOLCH.

Lass sie nur kommen.

LULU.

Morgen bring mir seine goldenen Ringe, die er in den Ohren trägt.

SCHIGOLCH.

Hat er Ringe in den Ohren? – Das habe ich noch gar nicht bemerkt.

LULU.

Du kannst sie abschneiden, bevor du ihn hinunterlässt. Er merkt es nicht, wenn er besoffen ist.

SCHIGOLCH.

Und dann, mein Kind? Was dann?

LULU.

Dann gebe ich dir fünfhundert Francs für deine Geliebte.

SCHIGOLCH.

Das nenne ich geizig. Hast du sonst nichts?

LULU.

Was du magst! Was ich habe!

SCHIGOLCH.

Bald sind es zehn Jahre, dass wir uns nicht mehr kennen.

LULU.

Wenn es weiter nichts ist? – Komm, so oft du willst! Aber du hast doch eine Geliebte.

SCHIGOLCH.

Meine Vroni trägt keine Brillanten. Sie ist auch nicht mehr von heute.

Lulu.

Aber dann schwöre!

Schigolch.

Aber habe ich dir je nicht Wort gehalten?

Lulu.

Schwöre, dass du es ihm besorgst!

Schigolch.

Ich besorge es ihm.

Lulu.

Schwöre es mir! Schwöre es mir!

Schigolch, *legt seine Hand auf ihr Knie.*

Bei allem, was heilig ist! – Heute nacht, wenn er kommt.

Lulu.

Bei allem, was heilig ist! – – – Wie das kühlt!

Schigolch, *macht seine Hand frei.*

Wie das glüht!

Lulu.

Fahre nur gleich nach Haus. Sie kommen in einer halben Stunde! Nimm einen Fiacre!

Schigolch.

Ich gehe schon.

Lulu.

Rasch! Ich bitte dich! – – – Allmächtiger …

Schigolch.

Was starrst du mich jetzt schon wieder so an?

Lulu.

Nichts …

Schigolch.

Nun? – Ist dir deine Zunge angefroren?

Lulu.

Mein Strumpfband ist aufgegangen …

Schigolch.

Nun ja denn!

Lulu.

Was bedeutet das?

Schigolch.

Was das bedeutet? Ich binde es dir, wenn du still-
hältst.

Lulu.

Das bedeutet ein Unglück!

Schigolch.

Nicht für dich, mein Kind. Sei getrost, ich besorg’ es
ihm. – Ab.

*Lulu setzt den linken Fuß auf einen Schemel, bindet ihr
Strumpfband und geht ins Spielzimmer ab. – Rodrigo wird
von Casti-Piani in den Salon gepufft.*

Rodrigo.

Behandeln Sie mich doch wenigstens anständig.

Casti-Piani.

Was könnte mich denn dazu veranlassen?! – Ich will
wissen, was Sie vorhin mit der Frau hier gesprochen
haben!

Rodrigo.

Dann können Sie mich gernhaben!

Casti-Piani.

Willst du Hund mir Rede und Antwort stehen! Du
hast von ihr verlangt, sie soll mit dir im Lift hinauffah-
ren!

Rodrigo.

Das ist eine unverschämte, perfide Lüge!

Casti-Piani.

Sie erzählte es mir selbst! Du hast ihr gedroht, sie zu
denunzieren, wenn sie nicht mit dir kommt! – Soll ich
dich über den Haufen schießen?

Rodrigo.

Die schamlose Person! – Als könnte mir so etwas ein-
fallen! – Wenn ich sie selber haben will, brauche ich

ihr, weiß Gott im Himmel, nicht erst mit Gefängnis zu drohen!

CASTI-PIANI.

Danke schön. Weiter wollte ich nichts wissen. *Nach rechts hinten ab.*

RODRIGO.

So ein Hund! – Ein Kerl, den ich an die Decke werfe, dass er kleben bleibt wie ein Limburger Käse! – – Komm her, wenn ich dir die Därme um den Hals wickeln soll! – – Das wäre noch schöner!

Lulu kommt aus dem Spielzimmer.

LULU.

Wo bleibst denn du? – Man muss dich suchen wie eine Stecknadel.

RODRIGO.

Dem habe ich gezeigt, was es heißt, mit mir anzufangen!

LULU.

Wem denn?

RODRIGO.

Deinem Casti-Piani! Wie kannst du Kanaille dem Kerl erzählen, ich hätte dich verführen wollen?!

LULU.

Hast du nicht von mir verlangt, dass ich mich für zwanzigtausend Francs dem Sohn meines verstorbenen Mannes hingebe?

RODRIGO.

Weil es deine Pflicht ist, dich des armen Jungen zu erbarmen! Du hast ihm seinen Vater in den schönsten Lebensjahren vor der Nase weggeschossen! Aber dein Casti-Piani überlegt es sich, bevor er mir wieder unter die Augen kommt. Dem gebe ich eins vor den Bauch, dass ihm die Kaldaunen wie Leuchtkugeln zum Himmel fliegen. Wenn du keinen besseren Ersatz für mich hast, dann bedaure ich, jemals deine Gunst genossen zu haben!

Lulu.

Die Geschwitz hat die fürchterlichsten Zustände. Sie windet sich in Krämpfen. Sie ist imstande und springt in die Seine, wenn du sie noch länger warten lässt.

Rodrigo.

Worauf wartet das Vieh denn?

Lulu.

Auf dich, dass du sie liebst.

Rodrigo.

Dann sag ihr, ich lasse sie grüßen und sie soll in die Seine springen.

Lulu.

Sie leiht mir zwanzigtausend Francs, um mich vor dem Verderben zu retten, wenn du sie selber davor bewahrst. Wenn du sie heute mit dir nimmst, deponiere ich morgen zwanzigtausend Francs für dich auf dem Postbureau an der Avenue de l'Opéra.

Rodrigo.

Und wenn ich sie nicht mitnehme?

Lulu.

Dann zeig mich an! Alwa und ich sind auf dem Trockenen.

Rodrigo.

Himmel, Tod und Wolkenbruch!

Lulu.

Du machst vier Menschen glücklich, wenn du fünfe gerad sein lässt und dich einem wohltätigen Zweck opferst.

Rodrigo.

Das wird nicht gehn; ich weiß es im voraus. Ich habe das jetzt genug ausprobiert. Wer rechnet bei dem Schirmgestell auch auf solch ein deutsches Gemüt!

Was die Person für mich hatte, war der Umstand, dass
sie Aristokratin ist. Mein Benehmen war so gentlem-
anlike, wie man es bei deutschen Artisten überhaupt
nicht findet. Hätte ich ihr nur jemals unter die Röcke
gegriffen!

LULU.

Sie ist noch Jungfrau.

RODRIGO.

Wenn es einen Gott im Himmel gibt, dann werden dir
deine Witze noch einmal heimgezahlt! Das prophe-
zeie ich dir!

LULU.

Die Geschwitz wartet. Was soll ich ihr sagen?

RODRIGO.

Meine ergebenste Empfehlung, und ich sei kastriert.

LULU.

Das werde ich ausrichten.

RODRIGO.

Warte noch! – Ist es sicher, dass ich zwanzigtausend
Francs von ihr erhalte?

LULU.

Frag sie selbst!

RODRIGO.

Dann sag ihr, ich sei bereit. Ich erwarte sie in der Salle
à manger. Ich muss nur erst noch eine Tonne Kaviar
versorgen.

*Rodrigo geht ins Speisezimmer. Lulu öffnet die Tür zum
Spielzimmer und ruft: »Martha!«, worauf die Gräfin Geschwitz in den Salon tritt und die Tür hinter sich schließt.*

LULU.

Mein liebes Herz, du kannst mich heute vor dem Tode
retten.

DIE GESCHWITZ.

Wie kann ich das?

LULU.

Wenn du den Springfritzen nach dem Quai de la Gare
bringst.

DIE GESCHWITZ.

Wozu das, mein Lieb?

LULU.

Er sagt, du müsstest ihm heute abend noch angehören,
sonst zeigt er mich morgen an.

DIE GESCHWITZ.

Du weißt, dass ich keinem Manne gehören kann; ich
bin von meinem Verhängnis nicht dazu bestimmt.

LULU.

Wenn du ihm nicht zusagst, dann hat er das mit sich
selbst auszumachen. Warum verliebt er sich in dich!

DIE GESCHWITZ.

Aber er wird brutal werden wie ein Henkersknecht. Er
wird sich für seine Enttäuschung rächen und mir die
Schläfen einschlagen. Ich habe das schon erlebt. – Ist
es nicht möglich, dass du mir diese schwerste Prüfung
ersparst?

LULU.

Was gewinnst denn du dabei, wenn er mich anzeigt?

DIE GESCHWITZ.

Ich habe in meinem Vermögen noch fünfhundert
Francs. Damit könnten wir beide als Zwischendeck-
passagiere nach Amerika fahren. Dort wärst du vor all
deinen Verfolgern in Sicherheit.

LULU.

Ich will in Paris bleiben; ich kann in keiner anderen
Stadt mehr glücklich sein. Du musst ihm sagen, dass
du ohne ihn nicht leben kannst. Dann fühlt er sich
geschmeichelt und wird lammfromm. Du musst auch
den Kutscher bezahlen. Sag dem Kutscher: »Vingt-
cinq, Quai de la Gare.« Das ist ein Hotel sechsten

Ranges, in dem man dich mit ihm heute abend erwartet. Soll ich dir die Adresse aufschreiben?

DIE GESCHWITZ.

Wie soll dir eine solche Ungeheuerlichkeit das Leben retten? – Ich verstehe das nicht. – Du hast, um mich zu martern, das furchtbarste Verhängnis heraufbeschworen, das über mich Geächtete hereinbringen kann.

LULU.

Vielleicht kuriert dich die Begegnung!

DIE GESCHWITZ.

O Lulu, wenn es eine ewige Vergeltung gibt, dann möchte ich nicht für dich einstehen müssen! Ich kann mich nicht darein finden, dass kein Gott über uns wacht. Und doch wirst du wohl recht haben, dass es nichts damit ist. Denn womit habe ich unbedeutendes Wurm seinen Zorn gereizt, um nur Entsetzen zu erleben, wo die ganze lebendige Schöpfung vor Seligkeit die Besinnung verliert!

LULU.

Du hast dich nicht zu beklagen. Wenn du glücklich wirst, dann bist du hundert- und tausendmal glücklicher, als es einer von uns gewöhnlichen Sterblichen jemals wird.

DIE GESCHWITZ.

Das weiß ich auch; ich beneide niemanden! Aber ich warte noch darauf. Du hast mich nun schon so oft betrogen.

LULU.

Ich bin dein, mein Liebling, wenn du den Springfritzen bis morgen beruhigst. Er will nur seine Eitelkeit befriedigt sehen; du musst ihn beschwören, dass er sich deiner erbarme.

DIE GESCHWITZ.

Und morgen?

LULU.

Ich erwarte dich, mein Herz. Ich werde die Augen nicht aufschlagen, bevor du kommst. Ich sehe keine Kammerfrau, ich empfange keinen Friseur, ich werde die Augen nicht aufschlagen, bevor du bei mir bist.

DIE GESCHWITZ.

Dann lass ihn kommen.

LULU.

Aber du musst dich ihm an den Hals werfen, mein Lieb! Weißt du die Hausnummer noch?

DIE GESCHWITZ.

Vingt-cinq, Quai de la Gare. – Jetzt aber rasch!

LULU, *ruft ins Speisezimmer.*

Voyons, viens, chéri!

RODRIGO, *kommt aus dem Speisezimmer.*

Die Damen entschuldigen, dass ich das Maul voll habe.

DIE GESCHWITZ, *ergreift seine Hand.*

Ich bete Sie an! Erbarmen Sie sich meiner Not!

RODRIGO.

A la bonne heure! Besteigen wir das Schafott!

Er bietet der Gräfin Geschwitz den Arm und verlässt mit ihr den Salon.

LULU.

Bonne nuit, chers enfants!

Sie begleitet das Paar auf den Korridor hinaus und kommt gleich darauf mit Bob zurück.

LULU, *zu Bob.*

Vite, mon enfant! Nous partirons à l'instant. Tu m'accompagneras. Mais nous allons nous déguiser. Tu me donneras tes vêtements et tu metteras les miens. – Vite, vite!

BOB.

A votre service, Madame!

Lulu und Bob ins Speisezimmer ab.

Im Spielzimmer entsteht Lärm. Die Türen werden aufgerissen, Bankier Puntschu, Journalist Heilmann, Alwa Schön, Bianetta Gazil, Madelaine de Marelle, Kadéga di Santa Croce und Ludmilla Steinherz kommen in den Salon.

HEILMANN, *ein Wertpapier in der Hand, auf dessen Titelkopf ein Alpenglühen zu sehen ist, zu Puntschu.*

Il vous faut l'accepter, Monsieur!

PUNTSCHU.

Mais ça n'a pas cours, mon cher!

HEILMANN.

Sie Spitzbube! Vous refusez de me donner ma revanche!

BIANETTA GAZIL.

Ah ces Prussiens!

MADELAINE DE MARELLE.

Est-ce que vous y comprenez quelque chose?

LUDMILLA STEINHERZ.

Il lui a pris son argent.

HEILMANN.

Et le voilà maintenant qui quitte le jeu, ce filou!

MADELAINE DE MARELLE.

Ah, ce n'est pas propre!

PUNTSCHU.

Moi qui quitte le jeu? – Que sa mise soit de l'argent, que Diable! Je ne suis pas ici dans mon bureau de change. Qu'il vienne demain à dix heures m'offrir son papier!

HEILMANN.

Mon papier?! – Voici seize cents francs, les actions que vous m'avez vendues!

PUNTSCHU.

Mais pour jouer il vous faut de l'argent comptant!

HEILMANN.

Wenn Sie einen bis auf den letzten Sou ausgeraubt haben, dann hat es plötzlich pas cours!

Kadéga.

Qu'est-ce qu'ils disent, maman?

Madelaine de Marelle.

Je n'en sais rien, moi –

Heilmann.

Sie Halsabschneider! Sie Saujude!

Puntschu.

Mais voyons, mon ami, soyons raisonnable! Il n'a pas
de valeur, votre titre. Les actions du Funiculaire de
la Jung-Frau sont tombées, ce soir, jusqu'à quinze. Je
viens d'en recevoir la nouvelle par télégramme. Je n'en
voulais rien dire d'abord …

Alwa.

Mais comment ça se fait-il? Nous voilà sur le pavé!

Puntschu.

Et moi, qui perds toute une fortune! Demain, à
la Bourse, on va nous en offrir pour cent sous la
douzaine!

Madelaine de Marelle.

Grand Dieu! Dix-huit ans de peines et de travail!

Sie sinkt in Ohnmacht.

Kadéga.

Oh, maman! Reveille-toi! – Elle meurt! Elle meurt!

Bianetta Gazil.

Où allez vous, ce soir, prendre votre dîner, Monsieur
Puntschu?

Puntschu.

Je suis pressé; je vais prendre ma voiture.

Bianetta Gazil.

M'offrez-vous à souper chez Maxime puis que vous
venez de perdre toute une fortune?

Puntschu.

Si vous voulez. On y sera mieux, peut-être. Il ne reste
rien à faire ici.

Puntschu und Bianetta Gazil verlassen den Salon.
Heilmann, *ballt seine Aktie zusammen und wirft sie zu Boden.*

Das hat man von dem Pack!

Ludmilla Steinherz.

Warum spekulieren Sie auf die Jungfrau! – Vous enverrez quelques petites notes à Berlin et le mal sera réparé.

Heilmann.

Vous avez beau dire, Madame! Ich habe das Handwerk noch nicht so los wie Sie. Wollen Sie mich nicht als Ihren Geheimsekretär in Dienst nehmen?

Ludmilla Steinherz.

Connaissez-vous le Mouton à cinq pattes? – Venez, allons au Mouton à cinq pattes! C'est tout près des Halles. Nous y sommes chez nous. Jusqu'au petit jour nous aurons fait un joli petit article.

Heilmann.

Vous ne dormez donc pas?

Ludmilla Steinherz.

La nuit? – Jamais!

Journalist Heilmann und Ludmilla Steinherz verlassen den Salon.

Alwa, *über Madelaine de Marelle gebeugt.*

Elle a les mains glacées. Qu'elle est belle, cette femme! Il faudrait ouvrir son corsage, afin qu'elle puisse respirer plus librement.

Lulu kommt aus dem Speisezimmer in Jockeymütze, rotem Jackett, weißen Lederhosen und Stulpstiefeln, einen Radmantel um die Schultern.

Lulu.

Hast du noch etwas Geld, Alwa?

Alwa.

Bist du verrückt geworden?

Lulu.

In zwei Minuten kommt die Polizei. Wir sind verraten. Bleib hier, wenn du Lust hast!

Alwa.

Barmherziger Himmel!

Lulu und Alwa verlassen den Salon

Kadéga di Santa Croce.

Maman, reveille-toi! Tout le monde s'enfuit!

Madelaine de Marelle, *zu sich kommend.*

Et la jeunesse et les beaux jours passés! Oh cette vie!

Kadéga.

Mais c'est moi, qui gagnera de l'argent pour nous deux. Je ne veux plus rentrer dans mon couvent.

Madelaine de Marelle.

Dieu te bénisse! Sais-tu bien ce que tu dis! – J'aurai peut-être un engagement au Concert Parisien. J'y chanterai mon désastre; voilà ce qui les amusera!

Kadéga.

Mais tu n'as pas de voix, maman.

Madelaine de Marelle.

Ah oui, c'est vrai!

Kadéga.

Ne veux-tu pas m'y mener avec toi?

Madelaine de Marelle.

Dans ta jupe de bébé?! Ça non, par exemple!

Kadéga.

Mais justament! Suis-je pas gentille comme ça?

Madelaine de Marelle.

Eh bien, soit donc! Dieu me le pardonne! Demain soir nous irons à l'Olympia, si tu le veux.

Kadéga.

Si je veux, petite mère! Alors tu auras de quoi vivre.

Ein Herr vom Korridor eintretend.

Au nom de la loi – Madame, vous êtes arrêtée!

Casti-Piani, *ihm folgend.*
Mais non, mais non!

Dritter Aufzug

London.

Eine Dachkammer ohne Mansarde. Zwei große Scheiben in der Flucht des Daches öffnen sich nach oben. Rechts und links vorn je eine schlechtschließende Tür. Im rechten Proszenium eine zerrissene graue Matratze. Links vorn ein wackliger Blumentisch, auf dem eine Whiskyflasche und eine qualmende Petroleumlampe stehen. Links hinten in der Ecke eine alte Chaiselongue; neben der Mitteltür ein durchsessener Strohsessel.

Man hört den Regen aufs Dach schlagen; er träufelt durch die Luke, so dass die Diele unter Wasser steht, Vorn auf der Matratze liegt Schigolch in langem grauen Paletot. Auf der Chaiselongue links in der Ecke liegt Alwa Schön, in einen Plaid gewickelt, dessen Riemen über ihm an der Wand hängt.

SCHIGOLCH.

Der Regen trommelt zur Parade.

ALWA.

Ein stimmungsvolles Wetter für ihr erstes Auftreten! *Lulu in halblangem Haar, das ihr offen über die Schulter fällt, tritt barfuß in abgerissenem schwarzen Kleide von links vorn ein mit einer Waschschüssel, die sie unter den Tropfenfall setzt.*

SCHIGOLCH.

Wo bleibst du denn, mein Kind? – Hast du dir erst noch die Hände gewaschen?

ALWA.

Reinlichkeit ist der Schmuck der Armut.

LULU, *sich aufrichtend, ihr Haar zurückschlagend.*

Wenn nur du erst hier aus dem Wege wärst.

ALWA.

Mir träumte eben, wir dinierten zusammen chez Maxime. Bianetta Gazil war noch mit dabei. Ich hatte fers de cheval bestellt. Das Tischtuch triefte auf allen vier Seiten von Champagner.

SCHIGOLCH.

Yes, yes; und mir träumte von einem Stück Christmas-Pudding.

LULU.

Wenn man sich an einem von euch wenigstens etwas wärmen könnte!

ALWA.

Willst du denn deine Pilgerfahrt barfuß antreten?

SCHIGOLCH.

Der erste Schritt kostet immer allerhand Geächz und Gestöhn. Vor zwanzig Jahren war das mit ihr um kein Haar besser; und was hat sie seitdem gelernt! Die Kohlen müssen nur erst gehörig angefacht sein. Wenn sie acht Tage dabei ist, halten sie keine zehn Lokomotiven mehr hier in unserer ärmlichen Dachkammer.

ALWA.

Die Schüssel läuft schon über.

LULU.

Wo soll ich denn hin mit dem Wasser?

ALWA.

Gieß es zum Fenster hinaus.

LULU, *steigt auf einen Stuhl und leert die Waschschale durch die Dachluke hinaus.*

Es scheint doch, der Regen will endlich nachlassen.

SCHIGOLCH.

Du vertrödelst die Stunde, wo die Kommis vom Abendessen nach Hause gehen.

LULU.

Wollte Gott, ich läge schon irgendwo, wo mich kein Fußtritt mehr weckt!

ALWA.

Das wünschte ich mir auch. Wozu dieses Leben noch in die Länge ziehen! Lasst uns lieber heute abend noch in Frieden und Eintracht zusammen verhungern. Es ist ja doch die letzte Station.

LULU.

Warum gehst denn du Faultier nicht hin und schaffst uns was zu essen?! Du hast in deinem ganzen Leben noch keinen Pfennig verdient!

ALWA.

Bei diesem Wetter, bei dem man keinen Hund vor die Türe jagt!?

LULU.

Aber mich! Ich soll euch mit dem bisschen Blut, das ich noch in den Gliedern habe, das Maul stopfen.

ALWA.

Ich rühre keinen Happen an von dem Geld.

SCHIGOLCH.

Lass sie nur gehen. Sie hat mit fünfzehn Jahren ihre Familie ernährt. Ich sehne mich noch nach einem Christmas-Pudding; dann habe ich genug.

ALWA.

Und ich sehne mich noch nach einem saftigen Beefsteak und einer Zigarette, dann sterben! – Mir träumte eben von einer Zigarette, wie ich sie noch nie geraucht habe.

SCHIGOLCH.

Sie sieht uns lieber vor ihren Augen krepieren, als dass sie sich zu unserer Erlösung ein Vergnügen macht.

Lulu.

Die Menschen auf der Straße lassen mir eher Mantel
und Rock in den Händen, ehe sie umsonst mitgehen.
Hättet ihr meine Kleider nicht verkauft, dann brauchte
ich wenigstens das Laternenlicht nicht zu scheuen. Ich
möchte das Weib sehen, das in den Lumpen, die ich am
Leib trage, noch was verdient.

Alwa.

Ich habe nichts Menschliches unversucht gelassen.
Solange ich noch Geld hatte, brachte ich Nächte damit
hin, Tabellen aufzubauen, mit denen man den perfek-
testen Falschspielern gegenüber hätte gewinnen müssen. Und dabei verlor ich Abend für Abend mehr, als
wenn ich die Goldstücke eimerweise zum Fenster hin-
ausgeschüttet hätte. Dann bot ich mich den Kurtisanen
an; aber die nehmen keinen, den ihnen die Justiz nicht
vorher abgestempelt hat. Und das sehen sie einem auf
den ersten Blick an, ob man Beziehungen zum Galgen
hat oder nicht.

Schigolch.

Yes, yes.

Alwa.

Ich habe mir keine Enttäuschung erspart; aber wenn
ich Witze machte, dann lachten sie über mich selbst;
wenn ich mich so anständig gab, wie ich bin, dann
wurde ich geohrfeigt; und wenn ich es mit Gemeinheiten versuchte, dann wurden sie so keusch und jung-
fräulich, dass mir vor Entsetzen die Haare zu Berge
standen. Wer die menschliche Gesellschaft nicht über-
wunden hat, der findet kein Vertrauen bei ihnen.

Schigolch.

Willst du nicht vielleicht endlich deine Stiefel anziehen,
mein Kind? – Ich glaube, ich werde in dieser Behausung
nicht mehr viel älter werden. Von den Zehenspitzen auf-

wärts habe ich schon seit Paris kein Gefühl mehr. Nachgerade wird es auch Zeit für mich. – Und dann die Reiselust, die mich in Atem hält. Gegen Mitternacht werde ich im Cosmopolitan-Club doch wohl noch einen Sodom-Whisky trinken. Gestern sagte mir die Bar-Maid, ich hätte noch Aussicht, ihr Geliebter zu werden.

Lulu.

In des drei Teufels Namen, ich gehe hinunter! *Sie nimmt die Whiskyflasche vom Blumentisch und setzt sie an den Mund.*

Schigolch.

Damit man dich auf eine halbe Stunde weit kommen riecht!

Lulu.

Ich trinke nicht alles.

Alwa.

Du gehst nicht hinunter, mein Weib! Du gehst nicht hinunter! Ich verbiete es dir!

Lulu.

Was willst du deinem Weibe verbieten, das du nicht ernähren kannst?

Alwa.

Wer ist daran schuld?! Wer anders als meine Frau hat mich auf das Krankenlager gebracht.

Lulu.

Bin ich krank?

Alwa.

Wer hat mich in den Kot geschleift? – Wer hat mich zum Mörder meines Vaters gemacht?

Lulu.

Hast du ihn erschossen? – Er hat nicht viel verloren, aber wenn ich dich dort liegen sehe, dann möchte ich mir beide Hände dafür abhacken, dass ich mich so gegen meine Vernunft versündigt habe!

Sie geht nach links in ihre Kammer.
ALWA.

Sie hat es mir von ihrem Casti-Piani übermacht. Sie
selbst ist allerdings längst nicht mehr dafür erreichbar.
SCHIGOLCH.

Solche Teufelsracker können gar nicht früh genug mit
dem Erdulden anfangen, wenn noch Engel daraus werden sollen.
ALWA.

Sie hätte als Kaiserin von Russland geboren werden
müssen. Da wäre sie an ihrem Platz gewesen. Eine
zweite Katharina die Zweite.

*Lulu kommt mit einem Paar ausgetretener Stiefeletten aus
ihrer Kammer zurück und setzt sich auf die Diele, um sie an-
zuziehen.*

LULU.

Wenn ich nur nicht kopfüber die Treppe hinunter-
stürze! Hu, wie kalt! – – Gibt es etwas Traurigeres auf
dieser Welt als ein Freudenmädchen!
SCHIGOLCH.

Geduld, Geduld! Es muss nur erst der richtige Zug ins
Geschäft kommen.
LULU.

Mir soll's recht sein; um mich ist es nicht mehr schade.
Sie setzt die Whiskyflasche an.

Ça me chauffe! Ça m'excite! – O verflucht!
Sie geht wankend durch die Mitteltür ab.

SCHIGOLCH.

Wenn wir sie kommen hören, müssen wir uns so lange
in meinem Verschlag verkriechen.
ALWA.

Es ist ein Jammer um sie! – Wenn ich zurückdenke –
ich bin doch gewissermaßen mit ihr zusammen aufge-
wachsen.

SCHIGOLCH.

Solange ich lebe, hält sie jedenfalls noch vor.

ALWA.

Wir verkehrten anfangs miteinander wie Bruder und Schwester. Mama lebte damals noch. Ich traf sie eines Morgens zufällig bei der Toilette. Doktor Goll war zu einer Konsultation gerufen worden. Ihr Friseur hatte mein erstes Gedicht gelesen, das ich in der »Gesellschaft« hatte drucken lassen: »Hetz deine Meute weit über die Berge hin; sie kehrt wieder von Schweiß und von Staub bedeckt … «

SCHIGOLCH.

Oh yes!

ALWA.

Und dann kam sie in rosa Tüll – sie trug nichts darunter als ein weißes Atlasmieder – auf den Ball beim spanischen Gesandten. Doktor Goll schien seinen nahen Tod zu ahnen. Er bat mich, mit ihr zu tanzen, damit sie keine Tollheiten anstellte. Derweil wandte Papa kein Auge von uns, und sie sah während des Walzers über meine Schulter weg nur nach ihm. Nachher hat sie ihn erschossen. Es ist unglaublich.

SCHIGOLCH.

Ich zweifle nur stark daran, dass noch einer anbeißt.

ALWA.

Ich möchte es auch niemandem raten!

SCHIGOLCH.

Dieses Rindvieh!

ALWA.

Sie hatte damals, obgleich sie als Weib schon vollkommen entwickelt war, den Ausdruck eines fünfjährigen, munteren, kerngesunden Kindes. Sie war damals auch nur drei Jahre jünger als ich; aber wie lang ist das nun schon her! Trotz ihrer fabelhaften Überlegenheit in

Fragen des praktischen Lebens ließ sie sich von mir den Inhalt von »Tristan und Isolde« erklären; und wie entzückend verstand sie sich dabei aufs Zuhören! – Aus dem Schwesterchen, das sich in seiner Ehe noch wie ein Schulmädchen fühlte, wurde dann eine unglückliche hysterische Künstlersfrau. Aus der Künstlersgattin wurde dann die Frau meines seligen Vaters; aus der Frau meines Vaters wurde meine Geliebte. Das ist nun einmal so der Lauf der Welt; wer will dagegen aufkommen.

SCHIGOLCH.

Wenn sie im entsprechenden Augenblick nur nicht Reißaus nimmt und uns statt dessen einen Obdachlosen heraufbringt, mit dem sie ihre Herzensgeheimnisse ausgetauscht hat!

ALWA.

Ich küsste sie zum erstenmal in ihrer rauschenden Brauttoilette; aber nachher wusste sie nichts mehr davon. Trotzdem glaube ich, dass sie in den Armen meines Vaters schon an mich gedacht hat. Oft kann es ja nicht gewesen sein. Er hatte seine Zeit hinter sich, und sie betrog ihn mit Kutscher und Stiefelputzer. Aber wenn sie sich ihm gab, dann stand ich vor ihrer Seele. Dadurch hat sie auch, ohne dass ich mich dessen versehen konnte, diese furchtbare Gewalt über mich erlangt.

SCHIGOLCH.

Da sind sie!

Man hört schwere Tritte die Treppe heraufkommen.

ALWA, *emporfahrend.*

Ich will das nicht erleben! Ich werfe den Kerl hinaus!

SCHIGOLCH, *rafft sich mühsam auf, nimmt Alwa am Kragen und pufft ihn nach rechts.*

Vorwärts, vorwärts! Wie soll ihr der Junge seinen Kummer beichten, wenn wir zwei uns hier herumsielen.

ALWA.

Aber wenn er ihr Gemeinheiten zumutet!

SCHIGOLCH.

Und wenn, und wenn! Was will er ihr denn noch zu-
muten! Er ist auch nur ein Mensch wie wir.

ALWA.

Wir müssen die Tür auflassen.

SCHIGOLCH, *Alwa in den Verschlag stoßend.*

Wozu die Tür auflassen! – Kusch dich!

ALWA, *im Verschlag.*

Ich werde schon hören, was vorgeht. Gnade ihm der
Himmel!

SCHIGOLCH, *schließt die Kammertür, von innen.*

Jetzt still!

ALWA, *von innen.*

Der soll sich vorsehen.

*Lulu öffnet die Mitteltür und lässt Mr. Hopkins eintreten.
Mr. Hopkins ist ein Mann von hünenhafter Gestalt, glattra-
siertem rosigen Gesicht, himmelblauen Augen und freundli-
chem Lächeln. Er trägt Havelock und Zylinder und hält in
der Hand den triefenden Schirm.*

LULU.

There is my little room.

*Mr. Hopkins legt den Zeigefinger auf den Mund und sieht
Lulu bedeutungsvoll an. Darauf spannt er seinen Schirm auf
und stellt ihn im Hintergrund zum Trocknen auf die Diele.*

LULU.

It's not just too comfortable here.

*Mr. Hopkins kommt nach vorn und hält ihr die Hand vor
den Mund.*

LULU.

What do you mean?

*Mr. Hopkins legt ihr die Hand vor den Mund und hält den
Zeigefinger an die Lippen.*

Lulu.

I don't understand that.

Mr. Hopkins hält ihr den Mund zu.

Lulu, *sich freimachend.*

We are alone. – There is nobody.

Mr. Hopkins legt den Zeigefinger an die Lippen, schüttelt verneinend den Kopf, zeigt auf Lulu, öffnet den Mund wie zum Sprechen, zeigt auf sich und dann auf die Türe.

Lulu.

Mon Dieu, quel monstre!

Mr. Hopkins hält ihr den Mund zu. Darauf geht er nach hinten, fasst seinen Havelock zusammen und legt ihn über den Stuhl neben der Tür. Dann kommt er mit grinsendem Lächeln nach vorne, nimmt Lulu mit beiden Händen beim Kopf und küsst sie auf die Stirn.

Schigolch, *hinter der halboffenen Tür rechts vorn.*

Der hat den Spleen.

Alwa.

Er soll sich vorsehen!

Schigolch.

Etwas Trostloseres hätte sie uns nicht heraufbringen können!

Lulu, *zurücktretend.*

I hope you will give me some money.

Mr. Hopkins hält ihr den Mund zu und drückt ihr ein Zehnschillingstück in die Hand. Lulu besieht das Geldstück und wirft es aus einer Hand in die andere. Mr. Hopkins sieht sie unsicher fragend an.

Lulu, *das Geldstück in die Tasche steckend.*

Allright!

Mr. Hopkins hält ihr rasch den Mund zu, gibt ihr ein Fünfschillingstück und wirft ihr einen gebieterischen Blick zu.

Lulu.

You are generous!

Mr. Hopkins springt wie wahnsinnig im Zimmer umher, fuchtelt mit den Armen in der Luft und starrt verzweiflungsvoll gen Himmel. Lulu nähert sich ihm vorsichtig, schlingt den Arm um ihn und küsst ihn auf den Mund. Mr. Hopkins macht sich lautlos lachend von ihr los und blickt fragend im Zimmer umher. Lulu nimmt die Lampe vom Blumentisch, wirft Mr. Hopkins einen verheißungsvollen Blick zu und öffnet die Tür zu ihrer Kammer. Mr. Hopkins tritt lächelnd ein, indem er unter der Tür seinen Hut lüftet. Lulu folgt ihm. Die Bühne ist finster bis auf einen Lichtstrahl, der von links durch die Türspalte dringt. – Alwa und Schigolch kriechen auf allen Vieren aus ihrem Verschlag.

ALWA.

Sie sind drin.

SCHIGOLCH, *hinter ihm.*

Warte noch!

ALWA.

Hier hört man nichts.

SCHIGOLCH.

Das hat man doch oft genug gehört!

ALWA.

Ich will vor ihrer Türe knien.

SCHIGOLCH.

Dieses Muttersöhnchen!

Er drückt sich an Alwa vorbei, tappt über die Bühne, nimmt Mr. Hopkins' Havelock vom Stuhl und durchsucht die Taschen. Alwa hat sich vor Lulus Kammertür geschlichen.

SCHIGOLCH.

Handschuhe – sonst nichts!

Er kehrt den Havelock um, durchsucht die inneren Taschen und zieht ein Buch heraus, das er an Alwa gibt.

Sieh mal nach, was das ist!

ALWA, *hält das Buch in den Lichtstrahl, der durch die Tür dringt, und entziffert mühsam das Titelblatt.*

Lessons for those – who are – and those who want to be – Christian Workers – with a preface by Rev. W. Hay. M. H. – Very helpful. – Price three shillings six.

SCHIGOLCH.

Der scheint ganz von Gott verlassen zu sein.

Legt den Mantel über den Stuhl und tastet sich nach dem Verschlag zurück

Es ist nichts hier in London. Die Nation hat ihre Glanzzeit hinter sich.

ALWA.

Das Leben ist nie so schlimm, wie man es sich vorstellt.

Er kriecht ebenfalls nach dem Verschlag zurück.

SCHIGOLCH.

Nicht einmal ein seidenes Foulard hat der Kerl! Und dabei kriechen wir in Deutschland vor dem Pack auf dem Bauch!

ALWA.

Lass uns wieder verschwinden. Vielleicht gibt er ihr beim Abschied noch was.

SCHIGOLCH.

Sie denkt an nichts als an ihr Vergnügen und nimmt den ersten, der ihr in den Weg läuft. Hoffentlich vergisst der Hund sie zeit seines Lebens nicht.

Schigolch und Alwa verkriechen sich in ihr Kämmerchen und schließen die Tür hinter sich. Darauf kommt Lulu mit Mr. Hopkins aus ihrer Kammer. Sie setzt die Lampe auf den Blumentisch, während Mr. Hopkins sie sinnend betrachtet.

LULU.

Do you think to come again?

Mr. Hopkins hält ihr den Mund zu. Lulu etwas verklärt, blickt in einer Art Verzweiflung gen Himmel und schüttelt den Kopf. Mr. Hopkins hat seinen Havelock übergeworfen und nähert sich ihr mit grinsendem Lächeln. Sie wirft sich ihm an

*den Hals, worauf er sich sachte losmacht, ihr die Hand küsst
und sich zur Türe wendet. Sie will ihn begleiten, er winkt ihr
aber zurückzubleiben und verlässt geräuschlos das Gemach.
Schigolch und Alwa kommen aus ihrem Verschlag.*

LULU.

Hat mich der Mensch erregt!

ALWA.

Wieviel hat er dir gegeben?

LULU.

Fünfzehn Schillinge. Hier sind sie! Nimm sie! Ich
gehe wieder hinunter.

SCHIGOLCH.

Wir können noch wie die Prinzen hier oben leben.

ALWA.

Er kommt zurück.

SCHIGOLCH.

Dann lass uns nur gleich wieder abtreten.

ALWA.

Er sucht sein Gebetbuch; hier ist es. Es muss ihm aus
dem Mantel gefallen sein.

LULU, *aufhorchend.*

Nein, das ist er nicht. Das ist jemand anders.

ALWA.

Es kommt jemand herauf. Ich höre es ganz deutlich.

LULU.

Jetzt tappt jemand an der Tür. – Wer mag das sein?

SCHIGOLCH.

Wahrscheinlich ein guter Freund, dem er uns empfoh-
len hat. – Herein!

*Die Gräfin Geschwitz tritt ein. Sie ist in ärmlicher Kleidung
und trägt eine Leinwandrolle in der Hand.*

DIE GESCHWITZ.

Wenn ich dir ungelegen komme, dann kehre ich wieder um. Ich habe allerdings seit zehn Tagen mit kei-

ner menschlichen Seele gesprochen. Ich muss dir nur gleich sagen, dass ich kein Geld bekommen habe. Mein Bruder hat mir gar nicht geantwortet.

SCHIGOLCH.

Jetzt möchten gräfliche Gnaden gerne ihre Füße unter unsern Tisch strecken?

LULU.

Ich gehe wieder hinunter!

DIE GESCHWITZ.

Wo willst du in dem Aufzug hin? – Ich komme trotzdem nicht mit ganz leeren Händen. Ich bringe dir etwas anderes. Auf dem Wege hierher am Leicester Square bot mir ein Trödler noch zwölf Schillinge dafür. Ich brachte es nicht übers Herz, mich davon zu trennen. Aber du kannst es verkaufen, wenn du willst.

SCHIGOLCH.

Was haben Sie denn da?

ALWA.

Lassen Sie doch mal sehen.

Er nimmt ihr die Leinwandrolle ab und entrollt sie.

Ach ja, mein Gott, das ist ja Lulus Porträt!

LULU, *aufschreiend.*

Und das bringst du Ungeheuer hierher? Schafft mir das Bild aus den Augen! Werft es zum Fenster hinaus!

ALWA.

Warum nicht gar! Diesem Porträt gegenüber gewinne ich meine Selbstachtung wieder. Es macht mir mein Verhängnis begreiflich. Alles wird so natürlich, so selbstverständlich, so sonnenklar, was wir erlebt haben. Wer sich diesen blühenden schwellenden Lippen, diesen großen unschuldsvollen Kinderaugen, diesem rosig-weißen strotzenden Körper gegenüber in seiner bürgerlichen Stellung sicher fühlt, der werfe den ersten Stein auf uns.

Schigolch.

Man muss es annageln. Es wird einen ausgezeichneten Eindruck auf unsere Kundschaft machen.

Alwa.

Da drüben steckt schon ein Nagel dafür in der Wand.

Schigolch.

Wie kommen Sie denn zu der Akquisition?

Die Geschwitz.

Ich habe es in eurer Wohnung in Paris heimlich aus der Wand geschnitten, nachdem ihr fort wart.

Alwa.

Schade, dass am Rande die Farbe abgeblättert ist! Sie haben es nicht vorsichtig genug aufgerollt. Er befestigt das Bild mit dem oberen Rande an einem Nagel, der in der Wand steckt.

Schigolch.

Es muss unten noch einer durch, wenn es halten soll. Die ganze Etage bekommt ein eleganteres Aussehen.

Alwa.

Lasst mich nur, ich weiß schon, wie ich es mache.

Er reißt verschiedene Nägel aus der Wand, zieht sich den linken Stiefel aus und schlägt die Nägel mit dem Stiefelabsatz durch den Rand des Bildes in die Mauer.

Schigolch.

Es muss nur erst wieder eine Weile hängen, um richtig zur Geltung zu kommen. Wer sich das angesehen hat, der bildet sich nachher ein, die seligsten Wonnen zu genießen.

Alwa, *seinen Stiefel wieder anziehend.*

Ihr Körper stand auf dem Höhepunkt seiner Entfaltung, als das Bild gemalt wurde. Die Lampe, liebes Kind! Mir scheint, es ist außergewöhnlich stark nachgedunkelt.

DIE GESCHWITZ.

Es muss ein eminent begabter Künstler gewesen sein,
der das gemalt hat!

LULU, *mit der Lampe vor das Bild tretend.*

Hast du ihn denn nicht gekannt?

DIE GESCHWITZ.

Nein; das muss lange vor meiner Zeit gewesen sein. Ich
hörte nur zuweilen noch abfällige Bemerkungen von
euch darüber, dass er sich in seinem Verfolgungswahn
den Hals abgeschnitten habe.

ALWA, *das Porträt mit Lulu vergleichend.*

Der kindliche Ausdruck in den Augen ist trotz allem,
was sie seitdem genossen hat, noch ganz derselbe.
Aber der frische Tau, der die Haut bedeckt, der duftige
Hauch vor den Lippen, das strahlende Licht, das sich
von der weißen Stirne aus verbreitet, und diese heraus-
fordernde Pracht des jugendlichen Fleisches an Hals
und Armen ...

SCHIGOLCH.

Das alles ist mit dem Kehrichtwagen gefahren. Sie
kann wenigstens sagen: Das war ich mal! Wem sie
heute in die Hände gerät, der macht sich keinen Begriff
mehr von unserer Jugendzeit.

ALWA.

Gott sei Dank merkt man den fortschreitenden Verfall
nicht, wenn man fortwährend miteinander verkehrt.
Das Weib blüht für uns in dem Moment, wo es den
Menschen auf Lebenszeit ins Verderben stürzen soll.
Das ist nun einmal so eine Naturbestimmung.

SCHIGOLCH.

Unten im Laternenschimmer nimmt sie es noch mit
einem Dutzend dieser englischen Windmühlen auf. Wer
um diese Zeit noch eine Bekanntschaft machen will,
der sieht überhaupt nicht auf körperliche Qualitäten. Er

fragt nach den seelischen Vorzügen. Er entscheidet sich
für diejenige Person, von der er am wenigsten Diebesge-
lüste zu fürchten hat.

LULU.

Ich werde es ja sehen, ob du recht hast. Adieu.

ALWA.

Du gehst nicht mehr hinunter, so wahr ich lebe!

DIE GESCHWITZ.

Wo willst du hin?

ALWA.

Sie will sich einen Kerl heraufholen.

DIE GESCHWITZ.

Lulu!

ALWA.

Sie hat es heute schon einmal getan.

DIE GESCHWITZ.

Lulu, Lulu, ich gehe mit, wohin du gehst!

SCHIGOLCH.

Wenn Sie Ihre Knochen auf Zinsen legen wollen,
dann suchen Sie sich bitte Ihr eigenes Trottoir.

DIE GESCHWITZ.

Lulu, ich gehe dir nicht von der Seite! Ich habe Waffen
bei mir.

SCHIGOLCH.

Verflucht noch mal! Gräfliche Gnaden legen es darauf
an, mit unserem Speck zu fischen!

LULU.

Ihr bringt mich um! Ich halte es hier nicht mehr aus!

DIE GESCHWITZ.

Du brauchst nichts zu fürchten. Ich bin bei dir!

Lulu mit der Gräfin Geschwitz durch die Mitte ab.

SCHIGOLCH.

Sakerment, Sakerment, Sakerment!

ALWA, *wirft sich auf eine Chaiselongue.*

Ich glaube, ich habe vom Diesseits nicht mehr viel Gutes zu erwarten.

SCHIGOLCH.

Man hätte das Frauenzimmer an der Kehle zurückhalten müssen. Sie vertreibt alles, was Odem hat, mit ihrem aristokratischen Totenschädel.

ALWA.

Sie hat mich aufs Krankenlager geworfen und mich von außen und innen mit Dornen gespickt!

SCHIGOLCH.

Dafür hat sie allerdings auch genug Courage für zehn Mannsleute im Leib.

ALWA.

Keinen Verwundeten wird der Gnadenstoß jemals dankbarer finden als mich!

SCHIGOLCH.

Wenn sie den Springfritzen nicht nach dem Quai de la Gare gelockt hätte, dann hätten wir ihn heute noch auf dem Hals.

ALWA.

Ich sehe ihn über meinem Haupte schweben wie Tantalus den Zweig mit goldenen Äpfeln.

Pause.

SCHIGOLCH, *auf seiner Matratze.*

Willst du die Lampe nicht ein wenig hinaufschrauben?

ALWA.

Ob wohl ein schlichter Naturmensch in seiner Wildnis auch so unsäglich leiden kann? – Mein Gott, was habe ich aus meinem Leben gemacht!

SCHIGOLCH.

Was hat das Hundewetter aus meinem Havelock gemacht! – Mit fünfundzwanzig Jahren wusste ich mir zu helfen.

ALWA.

Es hat nicht jeder meine herrliche, sonnige Jugendzeit
gekostet!

SCHIGOLCH.

Ich glaube, sie geht gleich aus. – Bis sie zurückkommen, wird es hier dunkel wie im Mutterleib.

ALWA.

Ich suchte mit klarstem Zielbewusstsein den Verkehr
mit Menschen, die nie in ihrem Leben ein Buch gelesen haben. Ich klammerte mich mit aller Selbstverleugnung und Begeisterung daran, um zu den höchs-
ten Höhen dichterischen Ruhmes emporgetragen zu
werden. Die Rechnung war falsch. Ich bin der Märty-
rer meines Berufes. Seit dem Tode meines Vaters habe
ich nicht einen einzigen Vers mehr geschrieben.

SCHIGOLCH.

Wenn sie nur nicht zusammengeblieben sind! – Wer
kein dummer Junge ist, geht sowieso nicht mit zweien.

ALWA.

Sie sind nicht zusammengeblieben!

SCHIGOLCH.

Das hoffe ich. Sie hält sich die Person im Notfall mit
Fußtritten vom Leib.

ALWA.

Der eine, aus der Hefe des Volkes hervorgegangen, ist
der gefeiertste Dichter seiner Nation; und der andere,
im Purpur geboren, liegt in London in der Grundhefe
und kann nicht sterben.

SCHIGOLCH.

Jetzt kommen sie!

ALWA.

Und wie selige Stunden gemeinsamer Schaffensfreude
hatten sie miteinander erlebt!

SCHIGOLCH.

Das können sie jetzt erst recht. – Wir müssen uns wieder verkriechen.

ALWA.

Ich bleibe hier.

SCHIGOLCH.

Was bedauerst du sie? – Wer sein Geld ausgibt, hat auch seine Gründe dafür!

ALWA.

Ich habe den moralischen Mut nicht mehr, um mich wegen einer Summe von fünfzehn Schillingen in meiner Behaglichkeit stören zu lassen.

Er verkriecht sich unter seinem Plaid.

SCHIGOLCH.

Ein anständiger Mensch tut, was er seiner Stellung schuldig ist.

Verbirgt sich in dem Verschlag.

LULU, *die Tür öffnend.*

Come in, come in!

Kungu Poti, Erbprinz von Uahube, in hellem Überrock, hellen Beinkleidern, weißen Gamaschen, gelben Knopfstiefeln und grauem Zylinder, tritt ein.

KUNGU POTI.

It's very dark in the stair-case.

LULU.

Come in, darling. Here is more light.

KUNGU POTI.

Is that your sitting-room?

LULU.

Yes, Sir.

KUNGU POTI.

I feel cold.

LULU.

Take you a drink?

Kungu Poti.

Well. Have you any brandy?

Lulu.

Yes. Come on.

Ihm die Flasche gebend.

I don't know where the glass is.

Kungu Poti.

That does not matter.

Setzt die Flasche an.

Well.

Lulu.

You are a nice young man.

Kungu Poti.

My father is Sultan of Uahube. I have six women in London, three English, and three French. Well, I don't like to see them. They are too stylish for me.

Lulu.

Will you stay long-time in London?

Kungu Poti.

Well. When my father is dead, I must go to Uahube. My kingdom is twice size of England.

Lulu.

How much will you give me?

Kungu Poti.

I give you a sovereign. Yes, I will give you one pound. I give always a sovereign.

Lulu.

You may give me afterwards, but you must show it to me first.

Kungu Poti.

Never I pay beforehand!

Lulu.

Allright, but show me your money.

Kungu Poti.

No, Daisy. Come on!

Sie um den Leib fassend.

Come-on!

Lulu.

Let me go, I say!

Kungu Poti, *greift ihr in die Haare.*

Come on, Daisy; where is the bed?

Lulu.

No, no; don't that!

Kungu Poti, *reißt sie zu Boden.*

Well!

Alwa springt vom Lager auf und packt Kungu Poti von hinten an der Kehle.

Kungu Poti.

Well, that's a den! That's a murderhole!

Er versetzt Alwa eins mit dem Totschläger über den Kopf. Alwa bricht stöhnend zusammen.

Kungu Poti.

Well. I am going.

Ab.

Lulu.

Ich bleibe auch nicht hier. – In eine Kaserne! – – Why look you so sorrowful, my dear?

Ab. Schigolch kommt aus seinem Verschlag.

Schigolch, *über Alwa gebeugt.*

Blut! – Alwa! – – Man muss ihn beiseite schaffen. – Hopp! – Sonst nehmen unsere Freunde Anstoß an ihm! – Alwa! Alwa! – Wer da nicht mit sich im Klaren ist –! Entweder oder; sonst wird's leicht zu spät! – – Ich will ihm Beine machen.

Er zündet ein Streichholz an und steckt es ihm unter den Kragen. Da sich Alwa nicht regt.

Er will seine Ruhe haben. Aber hier wird nicht geschlafen.

Er schleift ihn am Genick in Lulus Kammer. Darauf versucht er die Lampe hinaufzuschrauben.

Für mich wird es nun auch bald Zeit, sonst kriegt man im Cosmopolitan Club keinen Christmas-Pudding mehr. Weiß Gott, wann die von ihrer Vergnügungstour zurückkommen.

Lulus Bild ins Auge fassend.

Die versteht die Sache nicht. Die kann von der Liebe nicht leben, weil ihr Leben die Liebe ist. – Da kommt sie! Ich werde ihr ins Gewissen reden ...

Die Tür geht auf, und die Gräfin Geschwitz tritt ein.

SCHIGOLCH.

Wenn Sie Nachtquartier bei uns nehmen wollen, dann geben Sie bitte ein wenig acht, dass nichts gestohlen wird.

DIE GESCHWITZ.

Wie dunkel es hier ist!

SCHIGOLCH.

Es wird noch viel dunkler. – Der Herr Doktor haben sich schon zur Ruhe begeben.

DIE GESCHWITZ.

Sie schickt mich voraus.

SCHIGOLCH.

Das ist vernünftig. – Wenn jemand nach mir fragt, ich sitze unten im Cosmopolitan Club.

Ab.

DIE GESCHWITZ, *allein.*

Ich will mich neben die Türe setzen. Ich will alles mitansehen und nicht mit der Wimper zucken.

Sie setzt sich auf den Strohsessel neben die Tür.

Die Menschen kennen sich nicht; sie wissen nicht, wie sie sind. Nur wer selber kein Mensch ist, der kennt sie. Jedes Wort, das sie sagen, ist unwahr und erlogen. Das wissen sie nicht, denn sie sind heute so und morgen so, je nachdem, ob sie gegessen, getrunken und geliebt haben oder nicht. Nur der Körper bleibt auf einige Zeit, was er ist, und nur die Kinder haben Vernunft. Die Großen sind wie die Tiere; keines weiß, was es tut. Wenn sie am glücklichsten sind, dann jammern sie und stöhnen sie, und im tiefsten Elend freuen sie sich eines jeden winzigen Happens. Es ist sonderbar, wie der Hunger den Menschen die Kraft zum Unglück raubt. Wenn sie sich aber gesättigt haben, dann machen sie sich die Welt zur Folterkammer und werfen ihr Leben für die Befriedigung einer Laune weg. – Ob es wohl einmal Menschen gegeben hat, die durch Liebe glücklich geworden sind? – Was ist denn ihr Glück anders, als dass sie besser schlafen und alles vergessen können? – Herr Gott, ich danke dir, dass du mich nicht geschaffen hast wie diese. – Ich bin nicht Mensch; mein Leib hat nichts Gemeines mit Menschenleibern. Habe ich eine Menschenseele? – Zerquälte Menschen tragen ein kleines enges Herz in sich; ich aber weiß, dass es nicht mein Verdienst ist, wenn ich alles hingebe, alles opfere …

Lulu öffnet die Tür und lässt Doktor Hilti eintreten. Die Geschwitz bleibt, ohne von beiden bemerkt zu werden, regungslos neben der Tür sitzen.

Lulu.

Whence are you coming so late, Sir?

Dr. Hilti.

I have been in the theatre. There are two thousand ladies lifting up the right leg at the same time; and then the two thousand ladies are lifting up the left leg at the same time. I never saw such handsome girls before.

Lulu.

Didn't you? But you are not English?

DR. HILTI.

No. I am only here the last two weeks. Are you born in London?

LULU.

No, Sir. I am French.

DR. HILTI.

Ah, vous êtes Française?

LULU.

Oui, monsieur, je suis Parisienne.

DR. HILTI.

I am coming from Paris, where I was staying for eight days.

LULU.

On s'y amuse mieux qu'ici. Vous ne trouvez pas?

DR. HILTI.

Oui. I was everyday in the Louvre. I admired the pictures. But I am no French. I am from Zurich in Switzerland.

LULU.

Est-ce de la Suisse Française, ça?

DR. HILTI.

No. Zurich is in German Switzerland.

LULU.

Alors vous parlez l'Allemand?

DR. HILTI.

Sprächän Sie Töütsch?

LULU.

Un petit peu seulement, parce que mon ancien amant était Allemand. Il était de Berlin, je crois.

DR. HILTI.

Tonnärwättär, wia miach tas fröüt, taß Sie Töütsch sprächän!

LULU.

Du bleibst bei mir die Nacht?

DR. HILTI.

Abär iach habä niacht mähr dän fühnf Schielingä bei miar; iach nämmä nia mähr miet, wän iach ausgähä.

LULU.

It's enough – parce que c'est toi! Tu as les yeux si doux. Viens, embrasse-moi!

DR. HILTI.

Hiemäl, Härgoht, Töüfäl, Kräuzpatadiohn ...

LULU.

Je t'en prie, ferme ça.

DR. HILTI.

Beim Töüfäl, äs ischt nämliach tas ärschte Mol, taß iach miet einäm Mädachän gähä. Tu kchanscht miar gloubän. Sakchärmänt, iach hätä miar tas gahnz andärsch gädahcht!

LULU.

Bist du verheiratet?

DR. HILTI.

Hiemäl, Hagäl, worum meinscht tu, iach sei värheurotet? – Nein, iach bien Prifot-Tozänt; iach läsä Philossoffie ahn der Unifärsität. Sakchärmänt, iach bien nämliach ous oinär oltän Bodriziär-Fomiliä; iach ärhielt als Studänt nur zwoi Frankchen Toschängält, und tas kchohntä iach bässär anwänden als füar Mädachän.

LULU.

Deshalb warst du nie bei einer Frau?

DR. HILTI.

Äbän ja! Äbän! Abär iach brouchä äs itzt; iach habä miach heutä obänd värsprochän miet oinär Basler Bodriziärsdochtär. Sie ischt hiär Nursery governess.

LULU.

Ist deine Braut hübsch?

Dr. Hilti.

Ja, sie hat zwoi Millionän. – Iach bien sähr gespahnt,
wia äs miach dunkchän wird.

Lulu, *ihr Haar zurückwerfend.*

Quelle chance!

Sie erhebt sich und nimmt die Lampe.

Eh bien, viens, mon philosophe!

*Sie führt Dr. Hilti in ihre Kammer und verriegelt von innen
die Tür.*

Die Geschwitz, *zieht einen kleinen schwarzen Revolver
aus ihrer Tasche und hält ihn sich gegen die Stirn …*

Come on, darling!

Dr. Hilti, reißt von innen die Tür auf und stürzt heraus.

O verreckchte Chaib – do lit eine drin!

Lulu, *die Lampe in der Hand, hält ihn am Ärmel.*

Bleib bei mir!

Dr. Hilti.

A Totnige! – A Liach!

Lulu.

Bleib bei mir, bleib bei mir!

Dr. Hilti, *sich losmachend.*

A Liach lit do in – Himmel, Stärne, Chaib!

Lulu.

Bleib bei mir!

Dr. Hilti.

Wo got's do usse?

Die Geschwitz erblickend.

Und das isch de Tüfel!

Lulu.

Ich bitte dich, bleib!

Dr. Hilti.

Chaibe, verchaibeti Chaiberei! – O du ewige Hagel! –
Durch die Mitte ab.

Lulu.

Bleib! – Bleib!

Sie stürzt ihm nach.

Die Geschwitz, *allein, lässt den Revolver sinken.*

Lieber erhängen! – Wenn sie mich heute in meinem Blute liegen sieht, weint sie mir keine Träne nach. Ich war ihr immer nur das gefügige Werkzeug, das sich zu den schwierigsten Arbeiten gebrauchen ließ. Sie hat mich vom ersten Tage an aus tiefster Seele verabscheut. – Springe ich nicht lieber von der Towerbrücke hinunter? Was mag kälter sein, das Wasser oder ihr Herz? – Ich würde träumen, bis ich ertrunken bin. – – Lieber erhängen! – – Erstechen? – Hm, es kommt nichts dabei heraus. – – Wie oft träumte mir, dass sie mich küsst! Noch eine Minute nur; da klopft eine Eule ans Fenster, und ich erwache. – – Lieber erhängen! – Nicht in die Themse; das Wasser ist zu rein für mich.

Plötzlich auffahrend.

Da! – Da! – Da ist es! – Rasch noch, bevor sie kommt!

Sie nimmt den Plaidriemen von der Wand, steigt auf den Sessel, befestigt den Riemen an einem Haken, der im Türpfosten steckt, legt sich den Riemen um den Hals, stößt mit den Füßen den Stuhl um und fällt zur Erde.

Verfluchtes Leben! – Verfluchtes Leben! – – Wenn es mir noch bevorstände? – Lass mich einmal nur zu deinem Herzen sprechen, mein Engel! Aber du bist kalt! – Ich soll noch nicht fort! Ich soll vielleicht auch einmal glücklich gewesen sein. – Höre auf ihn, Lulu; ich soll noch nicht fort!

Sie schleppt sich vor Lulus Bild, sinkt in die Knie und faltet die Hände.

Mein angebeteter Engel! Mein Lieb! Mein Stern! – Erbarm dich mein, erbarm dich mein, erbarm dich mein!

Lulu öffnet die Tür und lässt Jack eintreten. Er ist ein Mann von gedrungener Figur, von elastischen Bewegungen, blassem Gesicht, entzündeten Augen, hochgezogenen, starken Brauen, hängendem Schnurrbart, dünnem Knebelbart, zottigen Favoris und feuerroten Händen mit vernagten Fingernägeln. Sein Blick ist auf den Boden geheftet. Er trägt dunklen Überrock und kleinen runden Filzhut.

Jack, *die Geschwitz bemerkend.*

Who is it?

Lulu.

It's my sister, Sir. She is mad; she is always on my heels.

Jack.

You have a beautiful mouth when you are speaking.

Lulu.

Don't go, please!

Jack.

You understand your business!

Lulu.

Yes, Sir.

Jack.

You are no English?

Lulu.

No, Sir. I am German, Sir.

Jack.

Where did you get your beautiful mouth?

Lulu.

From my mother, Sir.

Jack.

I do know that. – How much you want? – I cannot waste money.

Lulu.

Will you not stay all night with me, Sir?

Jack.

No. I haven't time. I am married man.

Lulu.

You say, you missed the last bus and that you have spent the night with one of your friends.

Jack.

How much do you want?

Lulu.

Pound.

Jack.

Good evening.

Will gehen.

Lulu, *hält ihn zurück.*

Stay, stay!

Jack, *geht an der Geschwitz vorbei und öffnet den Verschlag.*

Why wish you that I stay here all night? – That is suspicious! When I am sleeping, you will file my pockets.

Lulu.

I don't do that. Don't leave, Sir! I implore you!

Jack.

How much do you want?

Lulu.

Give me eight shillings.

Jack.

That is too much. – You are a beginner?

Lulu.

I am just starting today.

Sie wirft die Geschwitz, die sich gegen Jack aufgerichtet hat, zu Boden.

Jack.

Let her go! – That is not your sister. She loves you.

Streichelt der Geschwitz den Kopf.

Poor beast!

Lulu.

Oh, I would like you would stay with me all night!

JACK.

Did you ever have a child?

LULU.

No, Sir. Never. But I was a nice looking woman.

JACK.

Have you a friend living with you?

LULU.

We are all alone, Sir.

JACK, *mit dem Fuß stampfend*.

Who is living down below?

LULU.

Nobody. That room is to let.

JACK.

I judged you after your way of walking. I saw your body is perfectly formed. I said to myself she must have a very expressive mouth.

LULU.

It seems you took a francy in my mouth.

JACK.

Yes. Indeed.

LULU.

What are you staring at me?

JACK.

I have only a shilling.

LULU.

Come on, give me the shilling.

JACK.

I must get six pence change. I have to take a bus tomorrow morning.

LULU.

I have no penny.

JACK.

Come on. Look in your pocket.

Lulu, *ihre Tasche durchsuchend.*

Nothing – nothing.

Jack.

Just let me see.

Lulu.

That's all what I have.

Sie hält ein Zehn-Schillingstück in der Hand.

Jack.

I want have the half sovereign.

Lulu.

I will change him tomorrow morning.

Jack.

Give it to me!

Lulu gibt ihm das Geld und nimmt die Lampe vom Blumentisch.

Jack, *vor Lulus Bild.*

You are a society-woman. You did take care of yourself.

Lulu, *den Verschlag öffnend.*

Come on, come on.

Jack.

We don't need any light. The moon is shining.

Lulu.

As you like, Sir.

Ihm um den Hals fallend.

I wouldn't do you any harm. I love you. Don't let me beg go any longer.

Jack.

Allright!

Er folgt ihr in den Verschlag. Die Lampe erlischt. Auf der Diele unter den beiden Fenstern erscheinen zwei viereckige grelle Flecke. Im Zimmer ist alles deutlich erkennbar.

Die Geschwitz, *allein, spricht wie im Traum.*

Dies ist der letzte Abend, den ich mit diesem Volke verbringe. – Ich kehre nach Deutschland zurück. Meine

Mutter schickt mir das Reisegeld. – Ich lasse mich im-
matrikulieren. – Ich muss für Frauenrechte kämpfen,
Jurisprudenz studieren.

Lulu, *barfuß in Hemd und Unterrock, reißt schreiend die*
Tür auf und hält sie von außen zu.

Hilfe! – Hilfe!

Die Geschwitz, *stürzt nach der Tür, zieht ihren Revolver*
und richtet ihn, Lulu hinter sich drängend, gegen die Tür; zu
Lulu.

Lass los!

Jack reißt, zur Erde gebückt, die Tür von innen auf und rennt
der Geschwitz ein Messer in den Leib. Die Geschwitz knallt
einen Schuss gegen die Decke und bricht wimmernd zusam-
men.

Jack, *entreißt ihr den Revolver und wirft sich gegen die Aus-*
gangstür.

Goddam! There is no finer mouth within the four seas!
Der Schweiß trieft ihm aus den Haaren, seine Hände sind
blutig. Er keucht aus tiefster Brust und starrt mit aus dem
Kopf tretenden Augen zu Boden. Lulu zitternd an allen Glie-
dern, blickt wild umher. Plötzlich ergreift sie die Whisky-
flasche, zerschlägt sie am Tisch und stürzt, den abgebroche-
nen Hals in der Hand, auf Jack los. Jack hat den rechten Fuß
emporgezogen und schleudert Lulu auf den Rücken. Darauf
hebt er sie vom Boden auf.

Lulu.

No, no! Have pity! – Murder! – They rip me up!
Police!

Jack.

Shut up! I have you save!
Er trägt sie in den Verschlag.

Lulu, *von innen.*

O don't! – Don't! – No!

Jack, *kommt nach einer Weile zurück und setzt die Waschschale auf den Blumentisch.*

It was a hard piece of work!

Sich die Hände waschend.

I am a lucky dog to find this Unicum!

Sieht sich nach einem Handtuch um.

Not so much as a towel is in this place! It looks awful
poor here!

Trocknet seine Hände am Unterrock der Geschwitz ab.

Well! This monster is quite safe from me! – It will be all
over with you in a second.

Durch die Mitte ab.

Die Geschwitz, *allein.*

Lulu! – Mein Engel! – Lass dich noch einmal sehen! –
Ich bin dir nah! Bleibe dir nah in Ewigkeit!

In die Ellbogen brechend.

O verflucht!

Sie stirbt.